Colección de guías de conversación
"¡Todo irá bien!"

GUÍA CONVERSACIÓN

— ITALIANO —

LAS PALABRAS Y LAS FRASES MÁS ÚTILES

Esta Guía de Conversación
contiene las frases y las
preguntas más comunes
necesitadas para una
comunicación básica
con extranjeros

Andrey Taranov

Guía de conversación + diccionario de 1500 palabras

Guía de Conversación Español-Italiano y diccionario conciso de 1500 palabras

por Andrey Taranov

La colección de guías de conversación para viajar "Todo irá bien" publicada por T&P Books está diseñada para personas que viajan al extranjero para turismo y negocios. Las guías contienen lo más importante - los elementos esenciales para una comunicación básica. Éste es un conjunto de frases imprescindibles para "sobrevivir" mientras está en el extranjero.

Una otra sección del libro también ofrece un pequeño diccionario con más de 1.500 palabras útiles. El diccionario incluye muchos términos gastronómicos y será de gran ayuda para pedir los alimentos en un restaurante o comprando comestibles en la tienda.

T&P Books Publishing
www.tpbooks.com

ISBN: 978-1-78492-641-0

Este libro está disponible en formato electrónico o de E-Book también.
Visite www.tpbooks.com o las librerías electrónicas más destacadas en la Red.

PREFACIO

La colección de guías de conversación para viajar "Todo irá bien" publicada por
T&P Books está diseñada para personas que viajan al extranjero para turismo y
negocios. Las guías contienen lo más importante - los elementos esenciales para
una comunicación básica.Éste es un conjunto de frases imprescindibles para
"sobrevivir" mientras está en el extranjero.

Esta guía de conversación le ayudará en la mayoría de los casos donde usted
necesite pedir algo, conseguir direcciones, saber cuánto cuesta algo, etc. Puede
también resolver situaciones difíciles de la comunicación donde los gestos no
pueden ayudar.

Este libro contiene muchas frases que han sido agrupadas según los temas más
relevantes. Una sección separada del libro también ofrece un pequeño diccionario
con más de 1.500 palabras importantes y útiles.

Llévese la guía de conversación "Todo irá bien" en el camino y tendrá una
insustituible compañera de viaje que le ayudará a salir de cualquier situación y le
enseñará a no temer hablar con extranjeros.

TABLA DE CONTENIDOS

T&P Books Publishing

PRONUNCIACIÓN

La letra	Ejemplo italiano	T&P alfabeto fonético	Ejemplo español

Las vocales

La letra	Ejemplo italiano	T&P alfabeto fonético	Ejemplo español
A a	anno	[a]	radio
E e	epoca	[e], [ɛ]	princesa
I i	vicino	[i]	ilegal
i [1]	ieri	[j]	asiento
O o	ora	[o], [ɔ]	bolsa
U u	uva	[u]	mundo
Y y	yacht	[j]	asiento

Las consonantes

La letra	Ejemplo italiano	T&P alfabeto fonético	Ejemplo español
B b	bambino	[b]	en barco
c,cc [2]	città	[tʃ]	mapache
c,cc [3]	casa	[k]	charco
D d	donna	[d]	desierto
F f	frutto	[f]	golf
g, gg [4]	giorno	[dʒ]	jazz
g, gg [5]	grande	[g]	jugada
H h	hotel	[h]	[h] mudo
J j	jazz	[dʒ]	jazz
K k	kiwi	[k]	charco
L l	latte	[l]	lira
M m	madre	[m]	nombre
N n	notte	[n]	número
P p	parco	[p]	precio
Q q	quadro	[k]	charco
R r	rosa	[r]	[r] gutural
s [6]	vaso	[z]	desde
S s [7]	sbarra	[z]	desde
S s [8]	testa	[s]	salva
T t	teatro	[t]	torre
V v	vita	[v]	travieso
W w	wisky	[w]	acuerdo
X x	fax	[ks]	taxi

La letra	Ejemplo italiano	T&P alfabeto fonético	Ejemplo español
Z z [9]	zio	[dz]	inglés kids
Z z [10]	bronzo	[dz]	inglés kids
Z z [11]	marzo	[ts]	tsunami

Las combinaciones de letras

ch	chitarra	[k]	charco
gh	ghiaccio	[g]	jugada
gn	legno	[ɲ]	leña
gli [12]	figlio	[ʎ]	lágrima
gli [13]	figli	[lji]	apellido
sc [14]	scienza	[ʃ]	shopping
sc [15]	scala	[sk]	esclusa
sch	schermo	[sk]	esclusa

Comentarios

[1] entre vocales
[2] ante (antes de)
[3] en las demás situaciones lingüísticas
[4] antes de e, i
[5] en las demás situaciones lingüísticas
[6] entre vocales
[7] ante (antes de)
[8] en las demás situaciones lingüísticas
[9] al principio de una palabra
[10] después de
[11] después de las otras consonantes
[12] al principio y dentro de
[13] al final de una palabra
[14] antes de e, i
[15] en las demás situaciones lingüísticas

LISTA DE ABREVIATURAS

Abreviatura en español

adj	-	adjetivo
adv	-	adverbio
anim.	-	animado
conj	-	conjunción
etc.	-	etcétera
f	-	sustantivo femenino
f pl	-	femenino plural
fam.	-	uso familiar
fem.	-	femenino
form.	-	uso formal
inanim.	-	inanimado
innum.	-	innumerable
m	-	sustantivo masculino
m pl	-	masculino plural
m, f	-	masculino, femenino
masc.	-	masculino
mat	-	matemáticas
mil.	-	militar
num.	-	numerable
p.ej.	-	por ejemplo
pl	-	plural
pron	-	pronombre
sg	-	singular
v aux	-	verbo auxiliar
vi	-	verbo intransitivo
vi, vt	-	verbo intransitivo, verbo transitivo
vr	-	verbo reflexivo
vt	-	verbo transitivo

Abreviatura en italiano

agg	-	adjetivo
f	-	sustantivo femenino
f pl	-	femenino plural
m	-	sustantivo masculino
m pl	-	masculino plural

m, f	-	masculino, femenino
pl	-	plural
v aus	-	verbo auxiliar
vi	-	verbo intransitivo
vi, vt	-	verbo intransitivo, verbo transitivo
vr	-	verbo reflexivo
vt	-	verbo transitivo

GUÍA DE CONVERSACIÓN ITALIANO

Esta sección contiene frases importantes que pueden resultar útiles en varias situaciones de la vida real. La Guía le ayudará a pedir direcciones, aclaración sobre precio, comprar billetes, y pedir alimentos en un restaurante

T&P Books Publishing

CONTENIDO DE LA GUÍA DE CONVERSACIÓN

T&P Books Publishing

Perdone, ...	**Mi scusi, ...** [mi 'skuzi, ...]
Hola.	**Buongiorno.** [buɔn'dʒɔrnɔ]
Gracias.	**Grazie.** ['graʦiɛ]
Sí.	**Sì.** [si]
No.	**No.** [nɔ]
No lo sé.	**Non lo so.** [nɔn ʎɔ sɔ]
¿Dónde? | ¿A dónde? | ¿Cuándo?	**Dove? | Dove? | Quando?** ['dɔvɛ? | 'dɔvɛ? | ku'andɔ?]

Necesito ...	**Ho bisogno di ...** [ɔ bi'zoɲɔ di ...]
Quiero ...	**Voglio ...** ['vɔʎɔ ...]
¿Tiene ...?	**Avete ...?** [a'vɛtɛ ...?]
¿Hay ... por aquí?	**C'è un /una/ ... qui?** [tʃɛ un /'una/ ... ku'i?]
¿Puedo ...?	**Posso ...?** ['pɔssɔ ...?]
..., por favor? (petición educada)	**per favore** [pɛr fa'vɔrɛ]

Busco ...	**Sto cercando ...** [sto tʃer'kandɔ ...]
el servicio	**bagno** [baɲɔ]
un cajero automático	**bancomat** [baŋkɔmat]
una farmacia	**farmacia** [farma'tʃija]
el hospital	**ospedale** [ɔspɛ'dale]
la comisaría	**stazione di polizia** [sta'ʦiɔnɛ di poli'ʦija]
el metro	**metropolitana** [metrɔpoli'tana]
un taxi	**taxi** ['taksi]

la estación de tren	**stazione** [sta'tsjɔnɛ]
Me llamo …	**Mi chiamo …** [mi 'kjamɔ …]
¿Cómo se llama?	**Come si chiama?** ['kɔmɛ si 'kjama?]

¿Puede ayudarme, por favor?	**Mi può aiutare, per favore?** [mi pu'ɔ aju'tarɛ, pɛr fa'vorɛ?]
Tengo un problema.	**Ho un problema.** [ɔ un prɔb'lema]
Me encuentro mal.	**Mi sento male.** [mi 'sɛntɔ 'male]
¡Llame a una ambulancia!	**Chiamate l'ambulanza!** [kja'matɛ ʎambu'ʎantsa!]
¿Puedo llamar, por favor?	**Posso fare una telefonata?** ['pɔssɔ 'farɛ 'una tɛlefo'nata?]

Lo siento.	**Mi dispiace.** [mi dis'pjatʃe]
De nada.	**Prego.** ['prɛgɔ]

Yo	**io** ['iɔ]
tú	**tu** [tu]
él	**lui** ['ʎui]
ella	**lei** ['lei]
ellos	**loro** ['ʎorɔ]
ellas	**loro** ['ʎorɔ]
nosotros	**noi** ['nɔi]
ustedes | vosotros	**voi** ['vɔi]
usted	**Lei** ['lei]

ENTRADA	**ENTRATA** [ɛnt'rata]
SALIDA	**USCITA** [u'ʃita]
FUERA DE SERVICIO	**FUORI SERVIZIO** [fu'ɔri sɛr'witsiɔ]
CERRADO	**CHIUSO** [kjuzɔ]
ABIERTO	**APERTO** [a'pɛrtɔ]

PARA SEÑORAS

PARA CABALLEROS

DONNE
['dɔnnɛ]

UOMINI
[u'omini]

Preguntas

¿Dónde?	**Dove?** ['dɔvɛ?]
¿A dónde?	**Dove?** ['dɔvɛ?]
¿De dónde?	**Da dove?** [da 'dɔvɛ?]
¿Por qué?	**Perchè?** [pɛr'kɛ?]
¿Con que razón?	**Perchè?** [pɛr'kɛ?]
¿Cuándo?	**Quando?** [ku'andɔ?]

¿Cuánto tiempo?	**Per quanto tempo?** [pɛr ku'antɔ 'tɛmpɔ?]
¿A qué hora?	**A che ora?** [a ke 'ɔra?]
¿Cuánto?	**Quanto?** [ku'antɔ?]
¿Tiene ...?	**Avete ...?** [a'vɛtɛ ...?]
¿Dónde está ...?	**Dov'è ...?** [dɔv'ɛ ...?]

¿Qué hora es?	**Che ore sono?** [ke 'ɔrɛ 'sɔnɔ?]
¿Puedo llamar, por favor?	**Posso fare una telefonata?** ['pɔssɔ 'farɛ 'una tɛlefo'nata?]
¿Quién es?	**Chi è?** [ki 'ɛ?]
¿Se puede fumar aquí?	**Si può fumare qui?** [si pu'ɔ fu'marɛ ku'i?]
¿Puedo ...?	**Posso ...?** ['pɔssɔ ...?]

Necesidades

Quisiera ...

No quiero ...

Tengo sed.

Tengo sueño.

Vorrei ...
[vɔrr'ɛ] ...]
Non voglio ...
[nɔn 'voʎɔ ...]
Ho sete.
[ɔ 'sɛtɛ]
Ho sonno.
[ɔ 'sɔnnɔ]

Quiero ...

lavarme

cepillarme los dientes

descansar un momento

cambiarme de ropa

Voglio ...
['voʎɔ ...]
lavarmi
[ʎa'varmi]
lavare i denti
[ʎa'varɛ i 'dɛnti]
riposae un po'
[ripɔ'zaɛ un 'pɔ]
cambiare i vestiti
[kam'bjarɛ i vɛs'titi]

volver al hotel

comprar ...

ir a ...

visitar ...

quedar con ...

hacer una llamada

tornare in albergo
[tɔr'narɛ in al'bɛrgɔ]
comprare ...
[kɔmp'rarɛ ...]
andare a ...
[an'darɛ a ...]
visitare ...
[wizi'tarɛ ...]
incontrare ...
[iŋkɔnt'rarɛ ...]
fare una telefonata
['farɛ 'una tɛlefɔ'nata]

Estoy cansado /cansada/.

Estamos cansados /cansadas/.

Tengo frío.

Tengo calor.

Estoy bien.

Sono stanco /stanca/.
['sɔnɔ 'staŋkɔ /'staŋka/]
Siamo stanchi.
['sjamɔ 'staŋki]
Ho freddo.
[ɔ 'frɛddɔ]
Ho caldo.
[ɔ 'kalʲdɔ]
Sto bene.
[stɔ 'bɛnɛ]

Tengo que hacer una llamada.

Devo fare una telefonata.
['dɛvo 'farɛ 'una tɛlefo'nata]

Necesito ir al servicio.

Devo andare in bagno.
['dɛvo an'darɛ in 'baɲo]

Me tengo que ir.

Devo andare.
['dɛvo an'darɛ]

Me tengo que ir ahora.

Devo andare adesso.
['dɛvo an'darɛ a'dɛssɔ]

Preguntar por direcciones

Perdone, ...	**Mi scusi, ...** [mi 'skuzi, ...]
¿Dónde está ...?	**Dove si trova ...?** ['dɔvɛ si 'trɔva ...?]
¿Por dónde está ...?	**Da che parte è ...?** [da ke 'partɛ ɛ ...?]
¿Puede ayudarme, por favor?	**Mi può aiutare, per favore?** [mi pu'ɔ aju'tarɛ, pɛr fa'vɔrɛ?]

Busco ...	**Sto cercando ...** [stɔ t͡ʃer'kandɔ ...]
Busco la salida.	**Sto cercando l'uscita.** [stɔ t͡ʃer'kandɔ ʎu'ʃita]
Voy a ...	**Sto andando a ...** [stɔ an'dandɔ a ...]
¿Voy bien por aquí para ...?	**Sto andando nella direzione giusta per ...?** [stɔ an'dandɔ 'nɛlla dirɛ'ts͡ɔnɛ 'd͡ʒusta pɛr ...?]

¿Está lejos?	**E' lontano?** [ɛ ʎon'tanɔ?]
¿Puedo llegar a pie?	**Posso andarci a piedi?** ['possɔ an'darsi a 'pjedi?]
¿Puede mostrarme en el mapa?	**Può mostrarmi sulla piantina?** [pu'ɔ mɔst'rarmi 'sulla pjan'tina?]
Por favor muestreme dónde estamos.	**Può mostrarmi dove ci troviamo adesso.** ['puɔ mɔst'rarmi dɔvɛ t͡ʃi trɔ'vʲamɛ a'dɛssɔ]

Aquí	**Qui** [ku'i]
Allí	**Là** [ʎa]
Por aquí	**Da questa parte** [da ku'ɛstɔ 'partɛ]

Gire a la derecha.	**Giri a destra.** ['d͡ʒiri a 'dɛstra]
Gire a la izquierda.	**Giri a sinistra.** ['d͡ʒiri a si'nistra]

la primera (segunda, tercera) calle	**La prima (la seconda, la terza) strada** [ʎa 'prima (ʎa sɛ'kɔnda, ʎa 'tɛrtsa) 'strada]
a la derecha	**a destra** [a 'dɛstra]
a la izquierda	**a sinistra** [a si'nistra]
Siga recto.	**Vada sempre dritto.** ['vada 'sɛmprɛ 'drittɔ]

Carteles

¡BIENVENIDO!	**BENVENUTO!** [bɛnvɛ'nutɔ!]
ENTRADA	**ENTRATA** [ɛntr'ata]
SALIDA	**USCITA** [u'ʃita]

EMPUJAR	**SPINGERE** ['spindʒɛrɛ]
TIRAR	**TIRARE** [ti'rarɛ]
ABIERTO	**APERTO** [a'pɛrtɔ]
CERRADO	**CHIUSO** [kjuzɔ]

PARA SEÑORAS	**DONNE** ['dɔnnɛ]
PARA CABALLEROS	**UOMINI** [u'omini]
CABALLEROS	**BAGNO UOMINI** [baɲɔ u'omini]
SEÑORAS	**BAGNO DONNE** [baɲɔ 'dɔnnɛ]

REBAJAS	**SALDI | SCONTI** [salʲdi | 'skɔnti]
VENTA	**IN SALDO** ['salʲdi]
GRATIS	**GRATIS** ['gratis]
¡NUEVO!	**NOVITA!** [nɔwi'ta!]
ATENCIÓN	**ATTENZIONE!** [attɛn'tsʲɔnɛ!]

COMPLETO	**COMPLETO** [kɔmp'letɔ]
RESERVADO	**RISERVATO** [rizɛr'vatɔ]
ADMINISTRACIÓN	**AMMINISTRAZIONE** [amministra'tsʲɔnɛ]
SÓLO PERSONAL AUTORIZADO	**RISERVATO AL PERSONALE** [rizɛr'vatɔ alʲ pɛrsɔ'nale]

CUIDADO CON EL PERRO	**ATTENTI AL CANE!** [att'ɛnti alʲ 'kanɛ]
NO FUMAR	**VIETATO FUMARE** [vje'tatɔ fu'marɛ]
NO TOCAR	**NON TOCCARE** [nɔn tɔkk'arɛ]
PELIGROSO	**PERICOLOSO** [pɛrikɔ'ʎozɔ]
PELIGRO	**PERICOLO** [pɛ'rikɔʎɔ]
ALTA TENSIÓN	**ALTA TENSIONE** ['alʲta tɛn'sʲɔnɛ]
PROHIBIDO BAÑARSE	**DIVIETO DI BALNEAZIONE** [di'vjetɔ di balʲnɛa'tsʲɔnɛ]

FUERA DE SERVICIO	**FUORI SERVIZIO** [fu'ɔri sɛr'witsiɔ]
INFLAMABLE	**INFIAMMABILE** [infjamm'abile]
PROHIBIDO	**VIETATO** [vje'tatɔ]
PROHIBIDO EL PASO	**VIETATO L'ACCESSO** [vje'tatɔ ʎa'tʃɛssɔ]
RECIÉN PINTADO	**PITTURA FRESCA** [pitt'ura 'frɛska]

CERRADO POR RENOVACIÓN	**CHIUSO PER RESTAURO** [kjuzɔ pɛr rɛs'taurɔ]
EN OBRAS	**LAVORI IN CORSO** [ʎa'vɔri in 'kɔrsɔ]
DESVÍO	**DEVIAZIONE** [dɛwia'tsʲɔnɛ]

Transporte. Frases generales

el avión	**aereo** [a'ɛrɛɔ]
el tren	**treno** ['trɛnɔ]
el bus	**autobus** ['autɔbus]
el ferry	**traghetto** [tra'gettɔ]
el taxi	**taxi** ['taksi]
el coche	**macchina** ['makkina]

el horario	**orario** [ɔ'rariɔ]
¿Dónde puedo ver el horario?	**Dove posso vedere l'orario?** ['dɔvɛ 'pɔssɔ vɛ'dɛrɛ ʎɔ'rariɔ?]
días laborables	**giorni feriali** ['dʒɔrni fɛ'rjali]
fines de semana	**sabato e domenica** ['sabatɔ ɛ dɔ'mɛnika]
días festivos	**giorni festivi** ['dʒɔrni fɛs'tiwi]

SALIDA	**PARTENZA** [par'tɛntsa]
LLEGADA	**ARRIVO** [arr'ivɔ]
RETRASADO	**IN RITARDO** [in ri'tardɔ]
CANCELADO	**CANCELLATO** [kantʃe'llatɔ]

siguiente (tren, etc.)	**il prossimo** [iʎ 'prɔssimɔ]
primero	**il primo** [iʎ 'primɔ]
último	**l'ultimo** ['ʎulʲtimɔ]

¿Cuándo pasa el siguiente ...?	**Quando è il prossimo ...?** [ku'andɔ ɛ iʎ 'prɔssimɔ ...?]
¿Cuándo pasa el primer ...?	**Quando è il primo ...?** [ku'andɔ ɛ iʎ 'primɔ ...?]

¿Cuándo pasa el último ...?

Quando è l'ultimo ...?
[ku'andɔ ɛ 'ʎulitimɔ ...?]

el trasbordo (cambio de trenes, etc.)

scalo
['skaʎɔ]

hacer un trasbordo

effettuare uno scalo
[ɛfɛttu'arɛ 'unɔ sk'aʎɔ]

¿Tengo que hacer un trasbordo?

Devo cambiare?
['dɛvɔ kam'bjarɛ?]

Comprar billetes

¿Dónde puedo comprar un billete?	**Dove posso comprare i biglietti?** ['dɔvɛ 'pɔssɔ kɔmp'rarɛ i bi'lʲeti?]
el billete	**biglietto** [bi'lʲetɔ]
comprar un billete	**comprare un biglietto** [kɔmp'rarɛ un bi'lʲetɔ]
precio del billete	**il prezzo del biglietto** [ilʲ 'prɛtsɔ dɛlʲ bi'lʲetɔ]

¿Para dónde?	**Dove?** ['dɔvɛ?]
¿A qué estación?	**In quale stazione?** [in ku'ale sta'tsʲɔnɛ?]
Necesito ...	**Avrei bisogno di ...** [av'rɛj bi'zɔɲɔ di ...]
un billete	**un biglietto** [un bi'lʲetɔ]
dos billetes	**due biglietti** ['duɛ bi'lʲeti]
tres billetes	**tre biglietti** [trɛ bi'lʲeti]

sólo ida	**solo andata** ['sɔlɔ an'data]
ida y vuelta	**andata e ritorno** [an'data ɛ ri'tɔrnɔ]
en primera (primera clase)	**prima classe** ['prima 'klassɛ]
en segunda (segunda clase)	**seconda classe** [sɛ'kɔnda kl'assɛ]

hoy	**oggi** ['ɔdʒi]
mañana	**domani** [dɔ'mani]
pasado mañana	**dopodomani** [dɔpɔdɔ'mani]
por la mañana	**la mattina** [ʎa matt'ina]
por la tarde	**nel pomeriggio** [nɛlʲ pɔmɛ'ridʒɔ]
por la noche	**la sera** [ʎa 'sɛra]

asiento de pasillo	**posto lato corridoio** ['pɔsto 'ʎato kɔrri'dɔjo]
asiento de ventanilla	**posto lato finestrino** ['pɔsto 'ʎato finest'rinɔ]
¿Cuánto cuesta?	**Quanto?** [ku'antɔ?]
¿Puedo pagar con tarjeta?	**Posso pagare con la carta di credito?** ['pɔsso pa'garɛ kɔn ʎa 'karta di 'krɛditɔ?]

Autobús

el autobús	**autobus** ['autɔbus]
el autobús interurbano	**autobus interurbano** ['autɔbus intɛrur'banɔ]
la parada de autobús	**fermata dell'autobus** [fɛr'mata dɛlʲ 'autɔbus]
¿Dónde está la parada de autobuses más cercana?	**Dov'è la fermata dell'autobus più vicina?** [dɔv'ɛ ʎa fɛr'mata dɛlʲ 'autɔbus pju wi'tʃina?]

número	**numero** ['numɛrɔ]
¿Qué autobús tengo que tomar para ...?	**Quale autobus devo prendere per andare a ...?** [ku'ale 'autɔbus 'dɛvɔ 'prɛndɛrɛ pɛr an'darɛ a ...?]
¿Este autobús va a ...?	**Questo autobus va a ...?** [ku'ɛstɔ 'autɔbus va a ...?]
¿Cada cuanto pasa el autobús?	**Qual'è la frequenza delle corse degli autobus?** [ku'ale ʎa frɛku'ɛntsa 'delle 'kɔrsɛ 'dɛlʲi 'autɔbus?]

cada 15 minutos	**ogni quindici minuti** ['ɔɲi ku'inditʃi mi'nuti]
cada media hora	**ogni mezzora** ['ɔɲi me'dzɔra]
cada hora	**ogni ora** ['ɔɲi 'ɔra]
varias veces al día	**più a volte al giorno** [pju a 'vɔlʲtɛ alʲ 'dʒɔrnɔ]
... veces al día	**... volte al giorno** [... 'vɔlʲtɛ alʲ 'dʒɔrnɔ]

el horario	**orario** [ɔ'rariɔ]
¿Dónde puedo ver el horario?	**Dove posso vedere l'orario?** ['dɔvɛ 'pɔssɔ vɛ'dɛrɛ ʎo'rariɔ?]
¿Cuándo pasa el siguiente autobús?	**Quando passa il prossimo autobus?** [ku'andɔ 'passa ilʲ 'prɔssimɔ 'autɔbus?]
¿Cuándo pasa el primer autobús?	**A che ora è il primo autobus?** [a ke 'ɔra ɛ ilʲ 'primɔ 'autɔbus?]

¿Cuándo pasa el último autobús?

A che ora è l'ultimo autobus?
[a ke 'ɔra ɛ 'ʎulˈtimɔ 'autɔbus?]

la parada

fermata
[fɛrˈmata]

la siguiente parada

prossima fermata
['prɔssima fɛrˈmata]

la última parada

ultima fermata
['ulˈtima fɛrˈmata]

Pare aquí, por favor.

Può fermarsi qui, per favore.
[pu'ɔ fɛrˈmarsi ku'i, pɛr fa'vɔrɛ]

Perdone, esta es mi parada.

Mi scusi, questa è la mia fermata.
[mi 'skuzi, ku'ɛsta ɛ ʎa 'mia fɛrˈmata]

Tren

el tren

treno
['trɛnɔ]

el tren de cercanías

treno locale
['trɛnɔ lɔ'kale]

el tren de larga distancia

treno a lunga percorrenza
['trɛnɔ a 'lunga perkɔrr'ɛntsa]

la estación de tren

stazione
[sta'tsɨɔnɛ]

Perdone, ¿dónde está
la salida al anden?

Mi scusi, dov'è l'uscita per il binario?
[mi 'skuzi, dɔv'ɛ ʎu'ʃita pɛr iʎ binariɔ?]

¿Este tren va a ...?

Questo treno va a ...?
[ku'ɛstɔ 'trɛnɔ va a ...?]

el siguiente tren

il prossimo treno
[iʎ 'prɔssimɔ 'trɛnɔ]

¿Cuándo pasa el siguiente tren?

Quando è il prossimo treno?
[ku'andɔ ɛ iʎ 'prɔssimɔ 'trɛnɔ?]

¿Dónde puedo ver el horario?

Dove posso vedere l'orario?
['dɔvɛ 'pɔssɔ vɛ'dɛrɛ ʎo'rariɔ?]

¿De qué andén?

Da quale binario?
[da ku'ale bi'nariɔ?]

¿Cuándo llega el tren a ...?

Quando il treno arriva a ... ?
[ku'andɔ iʎ 'trɛnɔ arr'iva a ...?]

Ayudeme, por favor.

Mi può aiutare, per favore.
[mi pu'ɔ aju'tarɛ, pɛr fa'vɔrɛ]

Busco mi asiento.

Sto cercando il mio posto.
[stɔ tʃer'kandɔ iʎ 'miɔ 'pɔstɔ]

Buscamos nuestros asientos.

Stiamo cercando i nostri posti.
[stj'amɔ tʃer'kandɔ i 'nɔstri 'pɔsti]

Mi asiento está ocupado.

Il mio posto è occupato.
[iʎ 'miɔ 'pɔstɔ ɛ ɔkku'patɔ]

Nuestros asientos están ocupados.

I nostri posti sono occupati.
[i 'nɔstri 'pɔsti 'sɔnɔ ɔkku'pati]

Perdone, pero ese es mi asiento.

Mi scusi, ma questo è il mio posto.
[mi 'skuzi, ma ku'ɛstɔ ɛ iʎ 'miɔ 'pɔstɔ]

¿Está libre?

E' occupato?
[ɛ ɔkku'patɔ?]

¿Puedo sentarme aquí?

Posso sedermi qui?
['pɔssɔ sɛ'dɛrmi ku'i?]

En el tren. Diálogo (Sin billete)

Su billete, por favor.

Biglietto per favore.
[bi'ʎeto pɛr fa'vorɛ]

No tengo billete.

Non ho il biglietto.
[nɔn 'ɔ iʎ bi'ʎeto]

He perdido mi billete.

Ho perso il biglietto.
[ɔ 'pɛrso iʎ bi'ʎeto]

He olvidado mi billete en casa.

Ho dimenticato il biglietto a casa.
[ɔ dimɛnti'kato iʎ bi'ʎeto a 'saza]

Le puedo vender un billete.

Può acquistare il biglietto da me.
[pu'ɔ akuis'tarɛ iʎ bi'ʎeto da 'me]

También deberá pagar una multa.

Deve anche pagare una multa.
['dɛvɛ 'aŋkɛ pa'garɛ 'una 'mulʲta]

Vale.

Va bene.
[va 'bɛnɛ]

¿A dónde va usted?

Dove va?
['dovɛ va?]

Voy a ...

Vado a ...
['vado a ...]

¿Cuánto es? No lo entiendo.

Quanto? Non capisco.
[ku'antɔ? nɔn ka'pisko]

Escríbalo, por favor.

Lo può scrivere, per favore?
[ʎo pu'ɔ 'skrivɛrɛ, pɛr fa'vorɛ]

Vale. ¿Puedo pagar con tarjeta?

D'accordo. Posso pagare con la carta di credito?
[dakk'ɔrdɔ. 'pɔsso pa'garɛ kɔn ʎa 'karta di 'krɛditɔ?]

Sí, puede.

Sì.
[si]

Aquí está su recibo.

Ecco la sua ricevuta.
['ɛkko ʎa 'sua ritʃe'vuta]

Disculpe por la multa.

Mi dispiace per la multa.
[mi dis'pjatʃe pɛr ʎa 'mulʲta]

No pasa nada. Fue culpa mía.

Va bene così. È stata colpa mia.
[va 'bɛnɛ kɔ'si. ɛ 'stata 'kolʲpa 'mia]

Disfrute su viaje.

Buon viaggio.
[bu'ɔn 'vjadʒo]

Taxi

taxi	**taxi** ['taksi]
taxista	**tassista** [tass'ista]
coger un taxi	**prendere un taxi** ['prɛndɛrɛ un 'taksi]
parada de taxis	**posteggio taxi** [pɔs'tɛdʒɔ 'taksi]
¿Dónde puedo coger un taxi?	**Dove posso prendere un taxi?** ['dɔvɛ 'pɔssɔ 'prɛndɛrɛ un 'taksi?]
llamar a un taxi	**chiamare un taxi** [kja'marɛ un 'taksi]
Necesito un taxi.	**Ho bisogno di un taxi.** [ɔ bi'zɔɲɔ di un 'taksi]
Ahora mismo.	**Adesso.** [a'dɛssɔ]
¿Cuál es su dirección?	**Qual'è il suo indirizzo?** [ku'alʲ ɛ ilʲ 'suɔ indi'ritsɔ?]
Mi dirección es ...	**Il mio indirizzo è ...** [ilʲ 'miɔ indi'ritsɔ ɛ ...]
¿Cuál es el destino?	**La sua destinazione?** [ʎa 'sua dɛstina'tsʲɔnɛ?]
Perdone, ...	**Mi scusi, ...** [mi 'skuzi, ...]
¿Está libre?	**E' libero?** [ɛ 'libɛrɔ?]
¿Cuánto cuesta ir a ...?	**Quanto costa andare a ...?** [ku'antɔ 'kɔsta an'darɛ a ...?]
¿Sabe usted dónde está?	**Sapete dove si trova?** [sa'pɛtɛ 'dɔvɛ si 'trɔva?]
Al aeropuerto, por favor.	**All'aeroporto, per favore.** [alʲ aɛrɔ'pɔrtɔ, pɛr fa'vɔrɛ]
Pare aquí, por favor.	**Si fermi qui, per favore.** [si 'fɛrmi ku'i, pɛr fa'vɔrɛ]
No es aquí.	**Non è qui.** [nɔn ɛ ku'i]
La dirección no es correcta.	**È l'indirizzo sbagliato.** [ɛ lindi'ritsɔ sba'lʲatɔ]
Gire a la izquierda.	**Giri a sinistra.** ['dʒiri a si'nistra]

Gire a la derecha.	**Giri a destra.** ['dʒiri a 'dɛstra]
¿Cuánto le debo?	**Quanto le devo?** [ku'anto le 'dɛvɔ?]
¿Me da un recibo, por favor?	**Potrei avere una ricevuta, per favore.** [pot'rɛj a'vɛrɛ 'una ritʃe'vuta, pɛr fa'vɔrɛ]
Quédese con el cambio.	**Tenga il resto.** ['tɛnga iʎ 'rɛstɔ]

Espéreme, por favor.	**Può aspettarmi, per favore?** [pu'ɔ aspɛ'tarmi, pɛr fa'vɔrɛ?]
cinco minutos	**cinque minuti** ['tʃiŋkuɛ mi'nuti]
diez minutos	**dieci minuti** ['djetʃi mi'nuti]
quince minutos	**quindici minuti** [ku'inditʃi mi'nuti]
veinte minutos	**venti minuti** ['vɛnti mi'nuti]
media hora	**mezzora** [me'dzɔra]

Hotel

Hola.	**Salve.** ['salʲvɛ]
Me llamo ...	**Mi chiamo ...** [mi 'kjamɔ ...]
Tengo una reserva.	**Ho prenotato una camera.** [ɔ prɛnɔ'tatɔ 'una 'kamɛra]
Necesito ...	**Ho bisogno di ...** [ɔ bi'zɔɲɔ di ...]
una habitación individual	**una camera singola** [una 'kamɛra 'singɔʎa]
una habitación doble	**una camera doppia** ['una 'kamɛra 'dɔppja]
¿Cuánto cuesta?	**Quanto costa questo?** [ku'antɔ 'kɔsta ku'ɛstɔ?]
Es un poco caro.	**È un po' caro.** [ɛ un 'pɔ 'karɔ]
¿Tiene alguna más?	**Avete qualcos'altro?** [a'vɛtɛ kualʲ'kɔz 'alʲtrɔ?]
Me quedo.	**La prendo.** [ʎa 'prɛndɔ]
Pagaré en efectivo.	**Pago in contanti.** ['pagɔ in kɔn'tanti]
Tengo un problema.	**Ho un problema.** [ɔ un prɔb'lema]
Mi ... no funciona.	**Il mio ... è rotto / La mia ... è rotta/** [ilʲ 'mio ... ɛ 'rottɔ /ʎa 'mia ... ɛ 'rotta/]
Mi ... está fuera de servicio.	**Il mio /La mia/ ... è fuori servizio.** [ilʲ 'mio /ʎa 'mia/ ... ɛ fu'ɔri sɛr'witsio]
televisión	**televisore** [tɛlewi'zɔrɛ]
aire acondicionado	**condizionatore** [kɔnditsiona'tɔrɛ]
grifo	**rubinetto** [rubi'nɛttɔ]
ducha	**doccia** ['dɔtʃa]
lavabo	**lavandino** [ʎavan'dinɔ]
caja fuerte	**cassa forte** ['kassa 'fortɛ]

cerradura	**serratura** [sɛrra'tura]
enchufe	**presa elettrica** ['prɛza ɛ'lettrika]
secador de pelo	**asciugacapelli** [aʃuga ka'pɛlli]

No tengo ...	**Non ho ...** [nɔn ɔ ...]
agua	**l'acqua** ['ʎakua]
luz	**la luce** [ʎa 'ʎutʃe]
electricidad	**l'elettricità** [lɛletritʃi'ta]

¿Me puede dar ...?	**Può darmi ...?** [pu'ɔ 'darmi ...?]
una toalla	**un asciugamano** [un a'ʃuga 'manɔ]
una sábana	**una coperta** ['una kɔ'pɛrta]
chanclas	**delle pantofole** ['dɛlle pan'tɔfole]
un albornoz	**un accappatoio** [un akkapa'tɔjo]
champú	**dello shampoo** ['dɛllɔ ʃam'pɔ]
jabón	**del sapone** [dɛlⁱ sa'ponɛ]

Quisiera cambiar de habitación.	**Vorrei cambiare la camera.** [vɔrr'ɛj kam'bjarɛ ʎa 'kamɛra]
No puedo encontrar mi llave.	**Non trovo la chiave.** [nɔn 'trɔvɔ ʎa 'kjavɛ]
Por favor abra mi habitación.	**Potrebbe aprire la mia camera, per favore?** [pɔt'rɛbbɛ ap'rirɛ ʎa mia 'kamɛra, pɛr fa'vɔrɛ?]

¿Quién es?	**Chi è?** [ki 'ɛ?]
¡Entre!	**Avanti!** [a'vanti!]
¡Un momento!	**Un attimo!** [un 'attimɔ!]

Ahora no, por favor.	**Non adesso, per favore.** [nɔn a'dɛssɔ, pɛr fa'vɔrɛ]
Venga a mi habitación, por favor.	**Può venire nella mia camera, per favore.** [pu'ɔ vɛ'nirɛ 'nɛlla 'mia 'kamɛra, pɛr fa'vɔrɛ]

Quisiera hacer un pedido.	**Vorrei ordinare qualcosa da mangiare.** [vorr'ɛj ɔrdi'narɛ kual'ˈkɔza da man'dʒarɛ]
Mi número de habitación es …	**Il mio numero di camera è …** [ilʲ 'miɔ 'numɛrɔ di 'kamɛra ɛ …]

Me voy …	**Parto …** ['partɔ …]
Nos vamos …	**Partiamo …** [par'tjamɔ …]
Ahora mismo	**adesso** [a'dɛssɔ]
esta tarde	**questo pomeriggio** [ku'ɛstɔ pɔmɛ'ridʒɔ]
esta noche	**stasera** [sta'sɛra]
mañana	**domani** [dɔ'mani]
mañana por la mañana	**domani mattina** [dɔ'mani matt'ina]
mañana por la noche	**domani sera** [dɔ'mani 'sɛra]
pasado mañana	**dopodomani** [dɔpɔdɔ'mani]

Quisiera pagar la cuenta.	**Vorrei pagare.** [vorr'ɛj salʲ'ˈdarɛ ilʲ 'kɔntɔ]
Todo ha estado estupendo.	**È stato tutto magnifico.** [ɛ 'statɔ 'tuttɔ ma'ɲifikɔ]
¿Dónde puedo coger un taxi?	**Dove posso prendere un taxi?** ['dɔvɛ 'pɔssɔ 'prɛndɛrɛ un 'taksi?]
¿Puede llamarme un taxi, por favor?	**Potrebbe chiamarmi un taxi, per favore?** [pɔt'rɛbbɛ kja'marmi un 'taksi, pɛr fa'vɔrɛ?]

Restaurante

¿Puedo ver el menú, por favor?

Mesa para uno.

Somos dos (tres, cuatro).

Posso vedere il menù, per favore?
['pɔssɔ vɛ'dɛrɛ iƚ mɛ'nu, pɛr fa'vɔrɛ?]
Un tavolo per una persona.
[un 'tavɔlɔ pɛr 'unɔ pɛr'sɔna]
Siamo in due (tre, quattro).
['sjamɔ in 'duɛ (trɛ, ku'atrɔ)]

Para fumadores

Para no fumadores

¡Por favor! (llamar al camarero)

la carta

la carta de vinos

La carta, por favor.

Fumatori
[fuma'tɔri]
Non fumatori
[nɔn fuma'tɔri]
Mi scusi!
[mi 'skuzi!]
il menù
[iƚ mɛ'nu]
la lista dei vini
[ʎa 'lista 'dɛi 'wini]
Posso avere il menù, per favore.
['pɔssɔ a'vɛrɛ iƚ mɛ'nu, pɛr fa'vɔrɛ]

¿Está listo /lista/ para pedir?

¿Qué quieren pedir?

Yo quiero ...

È pronto per ordinare?
[ɛ 'prɔnto pɛr ɔrdi'narɛ?]
Cosa gradisce?
['kɔza gra'diʃɛ?]
Prendo ...
['prɛndɔ ...]

Soy vegetariano /vegetariana/.

carne

pescado

verduras

¿Tiene platos para vegetarianos?

No como cerdo.

Él /Ella/ no come carne.

Soy alérgico /alérgica/ a ...

Sono vegetariano /vegetariana/.
['sɔnɔ vɛdʒɛtari'anɔ /vɛdʒɛtari'ana/]
carne
['karnɛ]
pesce
['peʃɛ]
verdure
[vɛr'durɛ]
Avete dei piatti vegetariani?
[a'vɛtɛ 'dɛi 'pjatti vɛdʒɛtari'ani?]
Non mangio carne di maiale.
[nɔn 'mandʒɔ 'karnɛ di ma'jale]
Lui /lei/ non mangia la carne.
['ʎui /'lei/ nɔn 'mandʒa ʎa 'karnɛ]
Sono allergico a ...
['sɔnɔ a'llerdʒikɔ a ...]

¿Me puede traer …, por favor?

Potrebbe portarmi …
[pot'rɛbbɛ por'tarmi …]

sal | pimienta | azúcar

del sale | del pepe | dello zucchero
[dɛʎ 'sale | dɛʎ 'pɛpɛ | 'dɛllo 'ʦukkɛro]

café | té | postre

un caffè | un tè | un dolce
[un ka'fɛ | un tɛ | un 'dolʲʧe]

agua | con gas | sin gas

dell'acqua | frizzante | naturale
[dɛll'akua | fri'ʣantɛ | natu'rale]

una cuchara | un tenedor | un cuchillo

un cucchiaio | una forchetta | un coltello
[un kukʲ'ajo | una for'ketta | un kol'tɛllo]

un plato | una servilleta

un piatto | un tovagliolo
[un 'pjatto | un tova'lʲoʎo]

¡Buen provecho!

Buon appetito!
[bu'on appɛ'tito!]

Uno más, por favor.

Un altro, per favore.
[un 'alʲtro, pɛr fa'vorɛ]

Estaba delicioso.

È stato squisito.
[ɛ 'stato skui'zito]

---

la cuenta | el cambio | la propina

il conto | il resto | la mancia
[ilʲ 'konto | ilʲ 'rɛsto | ʎa 'manʧa]

La cuenta, por favor.

Il conto, per favore.
[ilʲ 'konto, pɛr fa'vorɛ]

¿Puedo pagar con tarjeta?

Posso pagare con la carta di credito?
['posso pa'garɛ kon ʎa 'karta di 'krɛdito?]

Perdone, aquí hay un error.

Mi scusi, c'è un errore.
[mi 'skuzi, ʧe un ɛrr'orɛ]

De Compras

¿Puedo ayudarle?	**Posso aiutarla?** ['pɔssɔ aju'tarla?]
¿Tiene ...?	**Avete ...?** [a'vɛtɛ ...?]
Busco ...	**Sto cercando ...** [stɔ t͡ʃer'kandɔ ...]
Necesito ...	**Ho bisogno di ...** [ɔ bi'zoɲɔ di ...]

Sólo estoy mirando.	**Sto guardando.** [stɔ guar'dandɔ]
Sólo estamos mirando.	**Stiamo guardando.** [stj'amɔ guar'dandɔ]
Volveré más tarde.	**Ripasserò più tardi.** [ripassɛ'rɔ pju 'tardi]
Volveremos más tarde.	**Ripasseremo più tardi.** [ripassɛ'rɛmɔ pju 'tardi]
descuentos | oferta	**sconti | saldi** ['skɔnti | 'salʲdi]

Por favor, enséñeme ...	**Per favore, mi può far vedere ...?** [pɛr fa'vɔrɛ, mi pu'ɔ far vɛ'dɛrɛ ...?]
¿Me puede dar ..., por favor?	**Per favore, potrebbe darmi ...** [pɛr fa'vɔrɛ, pɔt'rɛbbɛ 'darmi ...]
¿Puedo probarmelo?	**Posso provarlo?** ['pɔssɔ prɔ'varlɔ?]
Perdone, ¿dónde están los probadores?	**Mi scusi, dov'è il camerino?** [mi 'skuzi, dɔv'ɛ ilʲ kamɛ'rinɔ?]
¿Qué color le gustaría?	**Che colore desidera?** [ke kɔ'lɔrɛ dɛ'zidɛra?]
la talla | el largo	**taglia | lunghezza** ['talʲa | ʎung'etsa]
¿Cómo le queda? (¿Está bien?)	**Come le sta?** ['kɔmɛ le sta?]

¿Cuánto cuesta esto?	**Quanto costa questo?** [ku'antɔ 'kɔsta ku'ɛstɔ?]
Es muy caro.	**È troppo caro.** [ɛ 'trɔppɔ 'karɔ]
Me lo llevo.	**Lo prendo.** [ʎɔ 'prɛndɔ]
Perdone, ¿dónde está la caja?	**Mi scusi, dov'è la cassa?** [mi 'skuzi, dɔv'ɛ ʎa 'kassa?]

¿Pagará en efectivo o con tarjeta?

Paga in contanti o con carta di credito?
['paga in kɔn'tanti ɔ kɔn 'karta di 'krɛditɔ?]

en efectivo | con tarjeta

In contanti | con carta di credito
[in kɔn'tanti | kɔn 'karta di 'krɛditɔ]

¿Quiere el recibo?

Vuole lo scontrino?
[vu'ɔle ʎɔ skɔnt'rinɔ?]

Sí, por favor.

Si, grazie.
[si, 'graʦiɛ]

No, gracias.

No, va bene così.
[nɔ, va 'bɛnɛ kɔ'zi]

Gracias. ¡Que tenga un buen día!

Grazie. Buona giornata!
['graʦiɛ bu'ɔnɔ ʤɔr'nata!]

En la ciudad

Perdone, por favor.	**Mi scusi, per favore ...** [mi 'skuzi, pɛr fa'vɔrɛ ...]
Busco ...	**Sto cercando ...** [stɔ ʧer'kandɔ ...]

el metro	**la metropolitana** [ʎa mɛtrɔpoli'tana]
mi hotel	**il mio albergo** [iʎ 'miɔ alʲ'bɛrgo]
el cine	**il cinema** [iʎ 'ʧinɛma]
una parada de taxis	**il posteggio taxi** [iʎ pɔs'tɛʤɔ 'taksi]

un cajero automático	**un bancomat** [un 'baŋkɔmat]
una oficina de cambio	**un ufficio dei cambi** [un uf'fiʧɔ 'dɛi 'kambi]
un cibercafé	**un internet café** [un intɛr'nɛt ka'fɛ]
la calle ...	**via ...** ['wia ...]
este lugar	**questo posto** [ku'ɛstɔ 'pɔstɔ]

¿Sabe usted dónde está ...?	**Sa dove si trova ...?** [sa 'dɔvɛ si 'trɔva ...?]
¿Cómo se llama esta calle?	**Come si chiama questa via?** ['kɔmɛ si 'kjama ku'ɛsta 'wia?]
Muestreme dónde estamos ahora.	**Può mostrarmi dove ci troviamo?** [pu'ɔ mɔst'rarmi 'dɔvɛ ʧi trɔwi'amɔ]

¿Puedo llegar a pie?	**Posso andarci a piedi?** ['pɔssɔ an'darʧi a 'pjedi?]
¿Tiene un mapa de la ciudad?	**Avete la piantina della città?** [a'vɛtɛ ʎa pjan'tina 'dɛlla ʧitt'a?]

¿Cuánto cuesta la entrada?	**Quanto costa un biglietto?** [ku'antɔ 'kɔsta un bi'lʲetɔ?]
¿Se pueden hacer fotos aquí?	**Si può fotografare?** [si pu'ɔ fotogra'farɛ?]
¿Está abierto?	**E' aperto?** [ɛ a'pɛrtɔ?]

¿A qué hora abren?

Quando aprite?
[ku'andɔ ap'ritɛ?]

¿A qué hora cierran?

Quando chiudete?
[ku'andɔ kju'dɛtɛ?]

Dinero

dinero	**Soldi** ['sɔlˌdi]
efectivo	**contanti** [kɔn'tanti]
billetes	**banconote** [baŋkɔ'nɔtɛ]
monedas	**monete** [mɔ'nɛtɛ]
la cuenta | el cambio | la propina	**conto | resto | mancia** ['kɔntɔ | 'rɛstɔ | 'mantʃa]
la tarjeta de crédito	**carta di credito** [karta di 'krɛditɔ]
la cartera	**portafoglio** [pɔrta'fɔlˌo]
comprar	**comprare** [kɔmp'rarɛ]
pagar	**pagare** [pa'garɛ]
la multa	**multa** ['mulˌta]
gratis	**gratuito** [gra'tuitɔ]
¿Dónde puedo comprar ...?	**Dove posso comprare ...?** ['dɔvɛ 'pɔssɔ kɔmp'rarɛ ...?]
¿Está el banco abierto ahora?	**La banca è aperta adesso?** [ʎa 'baŋka ɛ a'pɛrta a'dɛssɔ?]
¿A qué hora abre?	**Quando apre?** [ku'andɔ 'aprɛ?]
¿A qué hora cierra?	**Quando chiude?** [ku'andɔ 'kjudɛ?]
¿Cuánto cuesta?	**Quanto costa?** [ku'antɔ 'kɔsta?]
¿Cuánto cuesta esto?	**Quanto costa questo?** [ku'antɔ 'kɔsta ku'ɛstɔ?]
Es muy caro.	**È troppo caro.** [ɛ 'trɔppɔ 'karɔ]
Perdone, ¿dónde está la caja?	**Scusi, dov'è la cassa?** ['skuzi, dɔv'ɛ ʎa 'kassa?]
La cuenta, por favor.	**Il conto, per favore.** [ilˌ 'kɔntɔ, pɛr fa'vɔrɛ]

¿Puedo pagar con tarjeta?	**Posso pagare con la carta di credito?** ['pɔssɔ pa'garɛ kɔn ʎa 'karta di 'krɛditɔ?]
¿Hay un cajero por aquí?	**C'è un bancomat?** [ʧɛ un 'baŋkɔmat?]
Busco un cajero automático.	**Sto cercando un bancomat.** [stɔ ʧer'kandɔ un 'baŋkɔmat]
Busco una oficina de cambio.	**Sto cercando un ufficio dei cambi.** [stɔ ʧer'kandɔ un uf'fiʧɔ dɛi 'kambi]
Quisiera cambiar ...	**Vorrei cambiare ...** [vɔrr'ɛj kam'bjarɛ ...]
¿Cuál es el tipo de cambio?	**Quanto è il tasso di cambio?** [ku'antɔ ɛ iʎ 'tassɔ di 'kambiɔ]
¿Necesita mi pasaporte?	**Ha bisogno del mio passaporto?** [a bi'zɔɲɔ dɛʎ 'miɔ pasa'pɔrtɔ?]

Tiempo

¿Qué hora es?	**Che ore sono?** [ke 'ɔrɛ 'sɔnɔ?]
¿Cuándo?	**Quando?** [ku'andɔ?]
¿A qué hora?	**A che ora?** [a ke 'ɔra?]
ahora | luego | después de …	**adesso | più tardi | dopo …** [a'dɛssɔ | pju 'tardi | 'dɔpɔ …]

la una	**l'una** ['ʎuna]
la una y cuarto	**l'una e un quarto** ['ʎuna ɛ un ku'artɔ]
la una y medio	**l'una e trenta** ['ʎuna ɛ 'trɛnta]
las dos menos cuarto	**l'una e quarantacinque** ['ʎuna ɛ kua'ranta 'ʧiŋkuɛ]

una | dos | tres	**uno | due | tre** ['unɔ | 'duɛ | trɛ]
cuatro | cinco | seis	**quattro | cinque | sei** [ku'atrɔ | 'ʧiŋkuɛ | sɛj]
siete | ocho | nueve	**sette | otto | nove** ['sɛttɛ | 'ɔttɔ | 'nɔvɛ]
diez | once | doce	**dieci | undici | dodici** ['djeʧi | 'undiʧi | 'dɔdiʧi]

en …	**fra …** [fra …]
cinco minutos	**cinque minuti** ['ʧiŋkuɛ mi'nuti]
diez minutos	**dieci minuti** ['djeʧi mi'nuti]
quince minutos	**quindici minuti** [ku'indiʧi mi'nuti]
veinte minutos	**venti minuti** ['vɛnti mi'nuti]

media hora	**mezzora** [me'dzɔra]
una hora	**un'ora** [un 'ɔra]

por la mañana	**la mattina** [ʎa matt'ina]
por la mañana temprano	**la mattina presto** [ʎa matt'ina 'prɛstɔ]
esta mañana	**questa mattina** [ku'ɛsta matt'ina]
mañana por la mañana	**domani mattina** [dɔ'mani matt'ina]

al mediodía	**all'ora di pranzo** [all'ɔra di 'prandzɔ]
por la tarde	**nel pomeriggio** [nɛlʲ pɔmɛ'ridʒɔ]
por la noche	**la sera** [ʎa 'sɛra]
esta noche	**stasera** [sta'sɛra]

por la noche	**la notte** [ʎa 'nɔttɛ]
ayer	**ieri** ['jeri]
hoy	**oggi** ['ɔdʒi]
mañana	**domani** [dɔ'mani]
pasado mañana	**dopodomani** [dɔpɔdɔ'mani]

¿Qué día es hoy?	**Che giorno è oggi?** [ke 'dʒɔrnɔ ɛ 'ɔdʒi?]
Es ...	**Oggi è ...** ['ɔdʒi ɛ ...?]
lunes	**lunedì** [ʎunɛ'di]
martes	**martedì** [martɛ'di]
miércoles	**mercoledì** [mɛrkɔle'di]

jueves	**giovedì** [dʒɔvɛ'di]
viernes	**venerdì** [vɛnɛr'di]
sábado	**sabato** ['sabatɔ]
domingo	**domenica** [dɔ'mɛnika]

Saludos. Presentaciones.

Hola.	**Salve.** ['sal'vɛ]
Encantado /Encantada/ de conocerle.	**Lieto di conoscerla.** ['lʲeto di ko'noʃɛrʎa]
Yo también.	**Il piacere è mio.** [ilʲ pja'tʃɛrɛ ɛ 'mio]
Le presento a ...	**Vi presento ...** [wi prɛ'zɛnto ...]
Encantado /Encantada/.	**Molto piacere.** ['molʲto pja'tʃɛrɛ]

¿Cómo está?	**Come sta?** ['komɛ sta?]
Me llamo ...	**Mi chiamo ...** [mi 'kjamɔ ...]
Se llama ...	**Si chiama ...** [si 'kjama ...]
Se llama ...	**Si chiama ...** [si 'kjama ...]
¿Cómo se llama (usted)?	**Come si chiama?** ['komɛ si 'kjama?]
¿Cómo se llama (él)?	**Come si chiama lui?** ['komɛ si 'kjama 'ʎui?]
¿Cómo se llama (ella)?	**Come si chiama lei?** ['komɛ si 'kjama 'lei?]

¿Cuál es su apellido?	**Qual'è il suo cognome?** [ku'alʲ ɛ 'suo ko'ɲomɛ?]
Puede llamarme ...	**Può chiamarmi ...** [pu'ɔ kja'marmi ...]
¿De dónde es usted?	**Da dove viene?** [da 'dovɛ 'vjenɛ?]
Yo soy de	**Vengo da ...** ['vɛngo da ...]
¿A qué se dedica?	**Che lavoro fa?** [ke la'vorɔ 'fa?]
¿Quién es?	**Chi è?** [ki 'ɛ?]
¿Quién es él?	**Chi è lui?** [ki ɛ 'ʎui?]
¿Quién es ella?	**Chi è lei?** [ki ɛ 'lei?]
¿Quiénes son?	**Chi sono loro?** [ki 'sonɔ 'ʎorɔ?]

Este /Esta/ es …	**Questo /Questa/ è …** [ku'ɛstɔ /ku'ɛsta/ ɛ …]
mi amigo	**il mio amico** [ilʲ 'miɔ a'mikɔ]
mi amiga	**la mia amica** [ʎa 'mia a'mika]
mi marido	**mio marito** ['miɔ ma'ritɔ]
mi mujer	**mia moglie** ['mia 'mɔlʲe]
mi padre	**mio padre** ['miɔ 'padrɛ]
mi madre	**mia madre** ['mia 'madrɛ]
mi hermano	**mio fratello** ['miɔ fra'tɛllɔ]
mi hermana	**mia sorella** ['mia sɔ'rɛlla]
mi hijo	**mio figlio** ['miɔ 'filʲɔ]
mi hija	**mia figlia** ['mia 'filʲa]
Este es nuestro hijo.	**Questo è nostro figlio.** [ku'ɛstɔ ɛ 'nɔstrɔ 'filʲɔ]
Esta es nuestra hija.	**Questa è nostra figlia.** [ku'ɛsta ɛ 'nɔstra 'filʲa]
Estos son mis hijos.	**Questi sono i miei figli.** [ku'ɛsti 'sɔnɔ i 'mjei 'filʲi]
Estos son nuestros hijos.	**Questi sono i nostri figli.** [ku'ɛsti 'sɔnɔ i 'nɔstri 'filʲi]

Despedidas

¡Adiós!	**Arrivederci!** [arrivɛ'dɛrʧi!]
¡Chau!	**Ciao!** ['ʧao!]
Hasta mañana.	**A domani.** [a do'mani]
Hasta pronto.	**A presto.** [a 'prɛsto]
Te veo a las siete.	**Ci vediamo alle sette.** [ʧi vɛ'dʲamo 'alle 'sɛttɛ]

¡Que se diviertan!	**Divertitevi!** [divɛrti'tɛwi!]
Hablamos más tarde.	**Ci sentiamo più tardi.** [ʧi sɛn'tjamo 'pju 'tardi]
Que tengas un buen fin de semana.	**Buon fine settimana.** [bu'on 'finɛ sɛtti'mana]
Buenas noches.	**Buona notte** [bu'ona 'nottɛ]

Es hora de irme.	**Adesso devo andare.** [a'dɛsso 'dɛvo an'darɛ]
Tengo que irme.	**Devo andare.** ['dɛvo an'darɛ]
Ahora vuelvo.	**Torno subito.** ['torno 'subito]

Es tarde.	**È tardi.** [ɛ 'tardi]
Tengo que levantarme temprano.	**Domani devo alzarmi presto.** [do'mani 'dɛvo alʦ'armi 'prɛsto]
Me voy mañana.	**Parto domani.** ['parto do'mani]
Nos vamos mañana.	**Partiamo domani.** [par'tjamo do'mani]

¡Que tenga un buen viaje!	**Buon viaggio!** [bu'on 'vjadʒo!]
Ha sido un placer.	**È stato un piacere conoscerla.** [ɛ 'stato un pja'ʧɛrɛ di ko'noʃɛrʎa]
Fue un placer hablar con usted.	**È stato un piacere parlare con lei.** [ɛ 'stato un pja'ʧɛrɛ par'larɛ kon lɛj]
Gracias por todo.	**Grazie di tutto.** ['graʦiɛ di 'tutto]

Lo he pasado muy bien.	**Mi sono divertito.** [mi 'sɔnɔ divɛr'titɔ]
Lo pasamos muy bien.	**Ci siamo divertiti.** [tʃi 'sjamɔ di'vɛrtiti]
Fue genial.	**È stato straordinario.** [ɛ 'statɔ straɔrdi'nariɔ]
Le voy a echar de menos.	**Mi mancherà.** [mi maŋke'ra]
Le vamos a echar de menos.	**Ci mancherà.** [tʃi maŋke'ra]

¡Suerte!	**Buona fortuna!** [bu'ɔna for'tuna!]
Saludos a …	**Mi saluti …** [mi sa'ʎuti …]

Idioma extranjero

No entiendo.	**Non capisco.** [non ka'pisko]
Escríbalo, por favor.	**Lo può scrivere, per favore?** [ʎo pu'ɔ 'skrivɛrɛ, pɛr fa'vɔrɛ]
¿Habla usted ...?	**Parla ...?** ['parʎa ...?]

Hablo un poco de ...	**Parlo un po' ...** ['parʎo un pɔ ...]
inglés	**inglese** [ing'lezɛ]
turco	**turco** ['turko]
árabe	**arabo** ['arabo]
francés	**francese** [fran'ʧezɛ]

alemán	**tedesco** [tɛ'desko]
italiano	**italiano** [ita'lʲano]
español	**spagnolo** [spa'ɲoʎo]
portugués	**portoghese** [porto'gezɛ]
chino	**cinese** [ʧi'nezɛ]
japonés	**giapponese** [ʤappo'nezɛ]

¿Puede repetirlo, por favor?	**Può ripetere, per favore.** [pu'ɔ ri'petɛrɛ, pɛr fa'vɔrɛ]
Lo entiendo.	**Capisco.** [ka'pisko]
No entiendo.	**Non capisco.** [non ka'pisko]
Hable más despacio, por favor.	**Può parlare più piano, per favore.** [pu'ɔ par'larɛ pju 'pjano, pɛr fa'vɔrɛ]

¿Está bien?	**È corretto?** [ɛ kɔ'rɛtto?]
¿Qué es esto? (¿Que significa esto?)	**Cos'è questo?** [koz 'ɛ ku'ɛsto?]

Disculpas

Perdone, por favor.	**Mi scusi, per favore.** [mi 'skuzi, pɛr fa'vɔrɛ]
Lo siento.	**Mi dispiace.** [mi dis'pjatʃe]
Lo siento mucho.	**Mi dispiace molto.** [mi dis'pjatʃe 'mɔlˈtɔ]
Perdón, fue culpa mía.	**Mi dispiace, è colpa mia.** [mi dis'pjatʃe, ɛ 'mia 'kɔlˈpa]
Culpa mía.	**È stato un mio errore.** [ɛ 'statɔ un 'miɔ ɛrr'ɔrɛ]

¿Puedo ...?	**Posso ...?** ['pɔssɔ ...?]
¿Le molesta si ...?	**Le dispiace se ...?** [le dis'pjatʃe sɛ ...?]
¡No hay problema! (No pasa nada.)	**Non fa niente.** [nɔn fa 'ɲientɛ]
Todo está bien.	**Tutto bene.** ['tuttɔ 'bɛnɛ]
No se preocupe.	**Non si preoccupi.** [nɔn si prɛ'ɔkkupi]

Acuerdos

Sí.
Sì.
[si]

Sí, claro.
Sì, certo.
[si, 'tʃertɔ]

Bien.
Bene.
['bɛnɛ]

Muy bien.
Molto bene.
['mɔlto 'bɛnɛ]

¡Claro que sí!
Certamente!
[tʃerta'mɛntɛ!]

Estoy de acuerdo.
Sono d'accordo.
['sɔnɔ dakk'ɔrdɔ]

Es verdad.
Esatto.
[ɛ'sattɔ]

Es correcto.
Giusto.
['dʒustɔ]

Tiene razón.
Ha ragione.
[a ra'dʒɔnɛ]

No me molesta.
È lo stesso.
[ɛ ʎɔ 'stɛssɔ]

Es completamente cierto.
È assolutamente corretto.
[ɛ assɔʎuta'mɛntɛ kɔ'rɛttɔ]

Es posible.
È possibile.
[ɛ pɔss'ibile]

Es una buena idea.
È una buona idea.
[ɛ 'una bu'ɔna i'dɛa]

No puedo decir que no.
Non posso dire di no.
[nɔn 'pɔssɔ 'dirɛ di nɔ]

Estaré encantado /encantada/.
Ne sarei lieto.
[nɛ sa'rɛi 'lʲeto]

Será un placer.
Con piacere.
[kɔn pja'tʃerɛ]

Rechazo. Expresar duda

No.

No.
[nɔ]

Claro que no.

Sicuramente no.
[sikura'mɛntɛ nɔ]

No estoy de acuerdo.

Non sono d'accordo.
[nɔn 'sɔnɔ dakk'ɔrdɔ]

No lo creo.

Non penso.
[nɔn 'pɛnsɔ]

No es verdad.

Non è vero.
[nɔn ɛ 'vɛrɔ]

No tiene razón.

Si sbaglia.
[si 'zbaʎa]

Creo que no tiene razón.

Penso che lei si stia sbagliando.
['pɛnsɔ kɛ 'lei si stia zba'ʎandɔ]

No estoy seguro /segura/.

Non sono sicuro.
[nɔn 'sɔnɔ si'kurɔ]

No es posible.

È impossibile.
[ɛ impɔss'ibile]

¡Nada de eso!

Assolutamente no!
[assɔʎuta'mɛntɛ nɔ!]

Justo lo contrario.

Esattamente il contrario!
[ɛzatta'mɛntɛ alˈ kɔnt'rariɔ!]

Estoy en contra de ello.

Sono contro.
['sɔnɔ 'kɔntrɔ]

No me importa. (Me da igual.)

Non m'interessa.
[nɔn mintɛ'rɛssa]

No tengo ni idea.

Non ne ho idea.
[nɔn nɛ ɔ i'dɛa]

Dudo que sea así.

Dubito che sia così.
['dubitɔ kɛ 'sia kɔ'zi]

Lo siento, no puedo.

Mi dispiace, non posso.
[mi dis'pjatʃe, nɔn 'pɔssɔ]

Lo siento, no quiero.

Mi dispiace, non voglio.
[mi dis'pjatʃe, nɔn 'vɔʎɔ]

Gracias, pero no lo necesito.

Non ne ho bisogno, grazie.
[nɔn nɛ ɔ bi'zɔɲɔ, 'gratsiɛ]

Ya es tarde.

È già tardi.
[ɛ dʒa 'tardi]

Tengo que levantarme temprano.

Devo alzarmi presto.
['dɛvɔ alˈtsˈarmi 'prɛstɔ]

Me encuentro mal.

Non mi sento bene.
[nɔn mi 'sɛntɔ 'bɛnɛ]

Expresar gratitud

Gracias.	**Grazie.** ['graʦiɛ]
Muchas gracias.	**Grazie mille.** ['graʦiɛ 'mille]
De verdad lo aprecio.	**Le sono riconoscente.** [le 'sono rikono'ʃɛntɛ]
Se lo agradezco.	**Le sono davvero grato.** [le 'sono davv'ɛro 'grato]
Se lo agradecemos.	**Le siamo davvero grati.** [le 'sjamo davv'ɛro 'grati]

Gracias por su tiempo.	**Grazie per la sua disponibilità.** ['graʦiɛ pɛr ʎa 'sua disponibili'ta]
Gracias por todo.	**Grazie di tutto.** ['graʦiɛ di 'tutto]
Gracias por ...	**Grazie per ...** ['graʦiɛ pɛr ...]
su ayuda	**il suo aiuto** [iʎ 'suo a'juto]
tan agradable momento	**il bellissimo tempo** [iʎ bɛ'llissimo 'tʲempo]

una comida estupenda	**il delizioso pranzo** [iʎ dɛli'ʦʲozo 'pranʦo]
una velada tan agradable	**la bella serata** [ʎa 'bɛlla sɛ'rata]
un día maravilloso	**la bella giornata** [ʎa 'bɛlla ʤor'nata]
un viaje increíble	**la splendida gita** [ʎa 'splendida 'ʤita]

No hay de qué.	**Non c'è di che.** [non ʧe di ke]
De nada.	**Prego.** ['prɛgo]
Siempre a su disposición.	**Con piacere.** [kon pja'ʧerɛ]
Encantado /Encantada/ de ayudarle.	**È stato un piacere.** [ɛ 'stato un pja'ʧerɛ]
No hay de qué.	**Non ci pensi neanche.** [non ʧi 'pɛnsi nɛ'aŋkɛ]
No tiene importancia.	**Non si preoccupi.** [non si prɛ'ɔkkupi]

Felicitaciones , Mejores Deseos

¡Felicidades!	**Congratulazioni!** [kɔngratula'tsɪoni!]
¡Feliz Cumpleaños!	**Buon compleanno!** [bu'ɔn komple'anno!]
¡Feliz Navidad!	**Buon Natale!** [bu'ɔn na'tale!]
¡Feliz Año Nuevo!	**Felice Anno Nuovo!** [fɛ'litʃe 'annɔ nu'ɔvɔ!]

¡Felices Pascuas!	**Buona Pasqua!** [bu'ɔna 'paskua!]
¡Feliz Hanukkah!	**Felice Hanukkah!** [fɛ'litʃe anu'ka!]

Quiero brindar.	**Vorrei fare un brindisi.** [vɔrr'ɛj 'farɛ un br'indizi]
¡Salud!	**Salute!** [sa'ʎutɛ!]
¡Brindemos por ...!	**Beviamo a ...!** [bɛ'vjamo a ...!]
¡A nuestro éxito!	**Al nostro successo!** [alʲ 'nɔstrɔ su'tʃessɔ!]
¡A su éxito!	**Al suo successo!** [alʲ 'suɔ su'tʃessɔ!]

¡Suerte!	**Buona fortuna!** [bu'ɔna for'tuna!]
¡Que tenga un buen día!	**Buona giornata!** [bu'ɔna dʒɔr'nata!]
¡Que tenga unas buenas vacaciones!	**Buone vacanze!** [bu'ɔnɛ va'kantsɛ!]
¡Que tenga un buen viaje!	**Buon viaggio!** [bu'ɔn 'vjadʒo!]
¡Espero que se recupere pronto!	**Spero guarisca presto!** [sp'ɛrɔ gua'riska 'prɛstɔ!]

Socializarse

¿Por qué está triste?

Perchè è triste?
[pɛr'kɛ ɛ 'tristɛ?]

¡Sonría! ¡Anímese!

Sorrida!
[sɔrr'ida!]

¿Está libre esta noche?

È libero stasera?
[ɛ 'libɛrɔ sta'sɛra?]

¿Puedo ofrecerle algo de beber?

Posso offrirle qualcosa da bere?
['pɔssɔ ɔf'rirle kwalʲ'kɔza da 'bɛrɛ?]

¿Querría bailar conmigo?

Vuole ballare?
[vu'ɔle ba'llarɛ?]

Vamos a ir al cine.

Andiamo al cinema.
[an'dʲamɔ alʲ 'tʃinɛma]

¿Puedo invitarle a ...?

Posso invitarla ...?
['pɔssɔ inwi'tarʎa ...?]

un restaurante

al ristorante
[alʲ ristɔ'rantɛ]

el cine

al cinema
[alʲ 'tʃinɛma]

el teatro

a teatro
[a tɛ'atrɔ]

dar una vuelta

a fare una passeggiata
[pɛr 'farɛ 'una passɛ'dʒata]

¿A qué hora?

A che ora?
[a ke 'ɔra?]

esta noche

stasera
[sta'sɛra]

a las seis

alle sei
['alle 'sɛi]

a las siete

alle sette
['alle 'sɛttɛ]

a las ocho

alle otto
['alle 'ɔttɔ]

a las nueve

alle nove
['alle 'nɔvɛ]

¿Le gusta este lugar?

Le piace qui?
[le 'pjatʃe ku'i?]

¿Está aquí con alguien?

È qui con qualcuno?
[ɛ ku'i kɔn kwalʲ'kunɔ?]

Estoy con mi amigo /amiga/.

Sono con un amico /una amica/.
['sɔnɔ kɔn un a'mikɔ /una a'mika/]

Estoy con amigos.	**Sono con i miei amici.** ['sono kon i mjei a'mitʃi]
No, estoy solo /sola/.	**No, sono da solo /sola/.** [no, 'sono da 'solo /'sola/]

¿Tienes novio?	**Hai il ragazzo?** ['ai ilʲ ra'gatso?]
Tengo novio.	**Ho il ragazzo.** [ɔ ilʲ ra'gatso]
¿Tienes novia?	**Hai la ragazza?** ['ai ilʲ ra'gatsa?]
Tengo novia.	**Ho la ragazza.** [ɔ ʎa ra'gatsa]

¿Te puedo volver a ver?	**Posso rivederti?** ['posso rivɛ'dɛrti?]
¿Te puedo llamar?	**Posso chiamarti?** ['posso kja'marti?]
Llámame.	**Chiamami.** ['kjamami]
¿Cuál es tu número?	**Qual'è il tuo numero?** [ku'alʲ ɛ ilʲ 'tuo 'numɛro?]
Te echo de menos.	**Mi manchi.** [mi 'maŋki]

¡Qué nombre tan bonito!	**Ha un bel nome.** [a un bɛlʲ 'nomɛ]
Te quiero.	**Ti amo.** [ti 'amo]
¿Te casarías conmigo?	**Mi vuoi sposare?** [mi vu'oj spo'zarɛ?]

¡Está de broma!	**Sta scherzando!** [sta skɛr'tsando!]
Sólo estoy bromeando.	**Sto scherzando.** [sto skɛr'tsando]

¿En serio?	**Lo dice sul serio?** [ʎo 'ditʃe sulʲ 'sɛrio?]
Lo digo en serio.	**Sono serio /serio/.** ['sono 'sɛrio /'sɛrio/]
¿De verdad?	**Davvero?!** [davv'ɛro?!]
¡Es increíble!	**È incredibile!** [ɛ iŋkrɛ'dibile]
No le creo.	**Non le credo.** [non le 'krɛdo]

No puedo.	**Non posso.** [non 'posso]
No lo sé.	**No so.** [non so]

No le entiendo.

Non la capisco.
[non ʎa ka'pisko]

Váyase, por favor.

Per favore, vada via.
[pɛr fa'vorɛ, 'vada 'wia]

¡Déjeme en paz!

Mi lasci in pace!
[mi 'ʎaʃi in 'patʃe!]

Es inaguantable.

Non lo sopporto.
[non ʎo sopp'orto]

¡Es un asqueroso!

Lei è disgustoso!
['lei ɛ dizgus'tozo!]

¡Llamaré a la policía!

Chiamo la polizia!
[kjamo ʎa poli'tsija!]

Compartir impresiones. Emociones

Me gusta.	**Mi piace.** [mi 'pjatʃe]
Muy lindo.	**Molto carino.** ['molˡto ka'rino]
¡Es genial!	**È formidabile!** [ɛ formi'dabile!]
No está mal.	**Non è male.** [non ɛ 'male]

No me gusta.	**Non mi piace.** [non mi 'pjatʃe]
No está bien.	**Non è buono.** [non ɛ 'bɛnɛ]
Está mal.	**È cattivo.** [ɛ katt'ivo]
Está muy mal.	**È molto cattivo.** [ɛ 'molˡto katt'ivo]
¡Qué asco!	**È disgustoso.** [ɛ dizgus'tozo]

Estoy feliz.	**Sono felice.** ['sono fɛ'litʃe]
Estoy contento /contenta/.	**Sono contento /contenta/.** ['sono kon'tɛnto /kon'tɛnta/]
Estoy enamorado /enamorada/.	**Sono innamorato /innamorata/.** ['sono innamo'rato /innamo'rata/]
Estoy tranquilo /tranquila/.	**Sono calmo /calma/.** ['sono 'kalˡmo /'kalˡma/]
Estoy aburrido /aburrida/.	**Sono annoiato /annoiata/.** ['sono anno'jato /anno'jata/]

Estoy cansado /cansada/.	**Sono stanco /stanca/.** ['sono 'staŋko /'staŋka/]
Estoy triste.	**Sono triste.** ['sono 'tristɛ]
Estoy asustado /asustada/.	**Sono spaventato /spaventata/.** ['sono spavɛn'tato /spavɛn'tata/]

Estoy enfadado /enfadada/.	**Sono arrabbiato /arrabbiata/.** ['sono arra'bjato /arra'bjata/]
Estoy preocupado /preocupada/.	**Sono preoccupato /preoccupata/.** ['sono prɛokku'pato /prɛokku'pata/]
Estoy nervioso /nerviosa/.	**Sono nervoso /nervosa/.** ['sono nɛr'vozo /nɛr'voza/]

Estoy celoso /celosa/.

Sono geloso /gelosa/.
['sɔnɔ dʒe'lɔzɔ /dʒe'lɔza/]

Estoy sorprendido /sorprendida/.

Sono sorpreso /sorpresa/.
['sɔnɔ sɔrp'rɛzɔ /sɔrp'rɛza/]

Estoy perplejo /perpleja/.

Sono perplesso /perplessa/.
['sɔnɔ pɛrp'lɛssɔ /pɛrp'lɛssa/]

Problemas, Accidentes

Tengo un problema.	**Ho un problema.** [ɔ un prɔb'lema]
Tenemos un problema.	**Abbiamo un problema.** [ab'bjamɔ un prɔb'lema]
Estoy perdido /perdida/.	**Sono perso /persa/.** ['sɔnɔ pɛrsɔ /pɛrsa/]
Perdí el último autobús (tren).	**Ho perso l'ultimo autobus (treno).** [ɔ 'pɛrsɔ 'ʎulˈtimɔ 'autɔbus ('trɛnɔ)]
No me queda más dinero.	**Non ho più soldi.** [nɔn ɔ pju 'sɔlˈdi]

He perdido ...	**Ho perso ...** [ɔ 'pɛrsɔ ...]
Me han robado ...	**Mi hanno rubato ...** [mi 'annɔ ru'batɔ ...]
mi pasaporte	**il passaporto** [ilʲ pasa'pɔrtɔ]
mi cartera	**il portafoglio** [ilʲ pɔrta'fɔlʲɔ]
mis papeles	**i documenti** [i dɔku'mɛnti]
mi billete	**il biglietto** [ilʲ biʎʲ'ʎeto]

mi dinero	**i soldi** [i 'sɔlˈdi]
mi bolso	**la borsa** [ʎa 'bɔrsa]
mi cámara	**la macchina fotografica** [ʎa 'makkina fɔtɔ'grafika]
mi portátil	**il computer portatile** [ilʲ kɔm'pjutɛr pɔr'tatile]
mi tableta	**il tablet** [ilʲ 'tablet]
mi teléfono	**il telefono cellulare** [ilʲ tɛ'lefɔnɔ tʃellu'ʎarɛ]

¡Ayúdeme!	**Aiuto!** [a'jutɔ]
¿Qué pasó?	**Che cosa è successo?** [ke 'kɔza ɛ su'tʃessɔ?]
el incendio	**fuoco** [fu'ɔkɔ]

un tiroteo	**sparatoria** [spara'tɔrija]
el asesinato	**omicidio** [ɔmi'ʧidiɔ]
una explosión	**esplosione** [ɛsplo'zɔnɛ]
una pelea	**rissa** ['rissa]

¡Llame a la policía!	**Chiamate la polizia!** [kja'matɛ ʎa poli'tsija!]
¡Más rápido, por favor!	**Per favore, faccia presto!** [pɛr fa'vɔrɛ, 'faʧa 'prɛstɔ!]
Busco la comisaría.	**Sto cercando la stazione di polizia.** [stɔ ʧer'kandɔ ʎa sta'tsɔnɛ di poli'tsija]
Tengo que hacer una llamada.	**Devo fare una telefonata.** ['dɛvɔ 'farɛ 'una tɛlefo'nata]
¿Puedo usar su teléfono?	**Posso usare il suo telefono?** ['pɔssɔ u'zarɛ iʲ 'suɔ tɛ'lefonɔ?]

Me han ...	**Sono stato /stata/ ...** ['sɔnɔ 'statɔ /'stata/ ...]
asaltado /asaltada/	**aggredito /aggredita/** [ag'rɛditɔ /ag'rɛdita/]
robado /robada/	**derubato /derubata/** [dɛru'batɔ /dɛru'bata/]
violada	**violentata** [wiɔlen'tata]
atacado /atacada/	**assalito /assalita/** [assa'litɔ /assa'lita/]

¿Se encuentra bien?	**Lei sta bene?** ['lei sta 'bɛnɛ?]
¿Ha visto quien a sido?	**Ha visto chi è stato?** [a 'wistɔ ki ɛ 'statɔ?]
¿Sería capaz de reconocer a la persona?	**È in grado di riconoscere la persona?** [ɛ in 'gradɔ di rikɔ'nɔsɛrɛ ʎa pɛr'sɔna?]
¿Está usted seguro?	**È sicuro?** [ɛ si'kurɔ?]

Por favor, cálmese.	**Per favore, si calmi.** [pɛr fa'vɔrɛ, si 'kaʲmi]
¡Cálmese!	**Si calmi!** [si 'kaʲmi!]
¡No se preocupe!	**Non si preoccupi.** [non si prɛ'ɔkkupi]
Todo irá bien.	**Andrà tutto bene.** [and'ra 'tuttɔ 'bɛnɛ]
Todo está bien.	**Va tutto bene.** [va 'tuttɔ 'bɛnɛ]
Venga aquí, por favor.	**Venga qui, per favore.** ['vɛnga ku'i, pɛr fa'vɔrɛ]

Tengo unas preguntas para usted.

Devo porle qualche domanda.
['dɛvɔ 'pɔrle ku'alʲkɛ dɔ'manda]

Espere un momento, por favor.

Aspetti un momento, per favore.
[as'pɛtti un mɔ'mɛntɔ, pɛr fa'vɔrɛ]

¿Tiene un documento de identidad?

Ha un documento d'identità?
[a un dɔku'mɛntɔ didɛnti'ta?]

Gracias. Puede irse ahora.

Grazie. Può andare ora.
['gratsiɛ. pu'ɔ an'darɛ 'ɔra]

¡Manos detrás de la cabeza!

Mani dietro la testa!
['mani 'djetrɔ ʎa 'tɛsta!]

¡Está arrestado /arrestada/!

È in arresto!
[ɛ in arr'ɛstɔ!]

Problemas de salud

Ayudeme, por favor.	**Mi può aiutare, per favore.** [mi pu'ɔ aju'tarɛ, pɛr fa'vorɛ]
No me encuentro bien.	**Non mi sento bene.** [nɔn mi 'sɛntɔ 'bɛnɛ]
Mi marido no se encuentra bien.	**Mio marito non si sente bene.** ['miɔ ma'ritɔ nɔn si 'sɛntɛ 'bɛnɛ]
Mi hijo ...	**Mio figlio ...** ['miɔ 'fiʎɔ ...]
Mi padre ...	**Mio padre ...** ['miɔ 'padrɛ ...]

Mi mujer no se encuentra bien.	**Mia moglie non si sente bene.** ['mia 'mɔʎe nɔn si 'sɛntɛ 'bɛnɛ]
Mi hija ...	**Mia figlia ...** ['mia 'fiʎa ...]
Mi madre ...	**Mia madre ...** ['mia 'madrɛ ...]

Me duele ...	**Ho mal di ...** [ɔ malʲ di ...]
la cabeza	**testa** ['tɛsta]
la garganta	**gola** ['gɔʎa]
el estómago	**pancia** ['pantʃa]
un diente	**denti** ['dɛnti]

Estoy mareado.	**Mi gira la testa.** [mi 'dʒira ʎa 'tɛsta]
Él tiene fiebre.	**Ha la febbre.** [a ʎa 'fɛbbrɛ]
Ella tiene fiebre.	**Ha la febbre.** [a ʎa 'fɛbbrɛ]
No puedo respirar.	**Non riesco a respirare.** [nɔn ri'eskɔ a rɛspi'rarɛ]

Me ahogo.	**Mi manca il respiro.** [mi 'maŋka ilʲ rɛs'pirɔ]
Tengo asma.	**Sono asmatico /asmatica/.** ['sɔnɔ az'matikɔ /az'matika/]
Tengo diabetes.	**Sono diabetico /diabetica/.** ['sɔnɔ dia'bɛtikɔ /dia'bɛtika/]

No puedo dormir.

intoxicación alimentaria

Soffro d'insonnia.
['sɔffrɔ din'sɔnnia]

intossicazione alimentare
[intɔssikat'tsʲɔnɛ alimɛn'tarɛ]

Me duele aquí.

¡Ayúdeme!

¡Estoy aquí!

¡Estamos aquí!

¡Saquenme de aquí!

Necesito un médico.

No me puedo mover.

No puedo mover mis piernas.

Fa male qui.
[fa 'male ku'i]

Mi aiuti!
[mi a'juti!]

Sono qui!
['sɔnɔ ku'i!]

Siamo qui!
['sjamɔ ku'i!]

Mi tiri fuori di qui!
[mi 'tiri fu'ɔri di ku'i!]

Ho bisogno di un dottore.
[ɔ bi'zɔɲɔ di un dott'ɔrɛ]

Non riesco a muovermi.
[nɔn ri'eskɔ a mu'ɔvɛrmi]

Non riesco a muovere le gambe.
[nɔn ri'eskɔ a mu'ɔvɛrɛ le 'gambɛ]

Tengo una herida.

¿Es grave?

Mis documentos están en mi bolsillo.

¡Cálmese!

¿Puedo usar su teléfono?

Ho una ferita.
[ɔ 'una fɛ'rita]

È grave?
[ɛ gr'avɛ?]

I miei documenti sono in tasca.
[i 'mjei dɔku'mɛnti 'sɔnɔ in 'taska]

Si calmi!
[si 'kaⱡmi!]

Posso usare il suo telefono?
['pɔssɔ u'zarɛ iⱡ 'suɔ tɛ'lefɔnɔ?]

¡Llame a una ambulancia!

¡Es urgente!

¡Es una emergencia!

¡Más rápido, por favor!

¿Puede llamar a un médico, por favor?

¿Dónde está el hospital?

Chiamate l'ambulanza!
[kja'matɛ ʎambu'ʎantsa!]

È urgente!
[ɛ ur'dʒentɛ!]

È un'emergenza!
[ɛ un ɛmɛr'dʒentsa!]

Per favore, faccia presto!
[pɛr fa'vɔrɛ, 'fatʃa 'prestɔ!]

Per favore, chiamate un medico.
[pɛr fa'vɔrɛ, kja'matɛ un 'mɛdikɔ]

Dov'è l'ospedale?
[dɔv'ɛ ʎospɛ'dale?]

¿Cómo se siente?

¿Se encuentra bien?

¿Qué pasó?

Come si sente?
['kɔmɛ si 'sɛntɛ?]

Sta bene?
[sta 'bɛnɛ?]

Che cosa è successo?
[ke 'kɔza ɛ su'tʃessɔ?]

65

Me encuentro mejor.	**Mi sento meglio ora.** [mi 'sɛnto 'mɛʎo 'ɔra]
Está bien.	**Va bene.** [va 'bɛnɛ]
Todo está bien.	**Va tutto bene.** [va 'tutto 'bɛnɛ]

En la farmacia

la farmacia	**farmacia** [farma'tʃija]
la farmacia 24 horas	**farmacia di turno** [farma'tʃija di turnɔ]
¿Dónde está la farmacia más cercana?	**Dov'è la farmacia più vicina?** [dɔv'ɛ ʎa farma'tʃija pju wi'tʃina?]

¿Está abierta ahora?	**È aperta a quest'ora?** [ɛ a'pɛrta a ku'ɛst 'ɔra?]
¿A qué hora abre?	**A che ora apre?** [a ke 'ɔra 'aprɛ?]
¿A qué hora cierra?	**A che ora chiude?** [a ke 'ɔra 'kjudɛ?]

¿Está lejos?	**È lontana?** [ɛ ʎɔn'tana?]
¿Puedo llegar a pie?	**Posso andarci a piedi?** ['pɔssɔ an'dartʃi a 'pjedi?]
¿Puede mostrarme en el mapa?	**Può mostrarmi sulla piantina?** [pu'ɔ mɔst'rarmi 'sulla pjan'tina?]

Por favor, deme algo para ...	**Per favore, può darmi qualcosa per ...** [pɛr fa'vorɛ, pu'ɔ 'darmi kualʲ'kɔza pɛr ...]
un dolor de cabeza	**il mal di testa** [ilʲ malʲ di 'tɛsta]
la tos	**la tosse** [ʎa 'tɔssɛ]
el resfriado	**il raffreddore** [ilʲ raffrɛ'dorɛ]
la gripe	**l'influenza** [linfʎu'entsa]

la fiebre	**la febbre** [ʎa 'fɛbbrɛ]
un dolor de estomago	**il mal di stomaco** [ilʲ malʲ di 'stɔmakɔ]
nauseas	**la nausea** [ʎa 'nauzea]
la diarrea	**la diarrea** [ʎa diarr'ɛa]
el estreñimiento	**la costipazione** [ʎa kɔstipa'tsʲonɛ]
un dolor de espalda	**mal di schiena** [malʲ di 'skjena]

un dolor de pecho	**dolore al petto** [do'lore al 'petto]
el flato	**fitte al fianco** ['fitte al 'fjanko]
un dolor abdominal	**dolori addominali** [do'lori addomi'nali]

la píldora	**pastiglia** [pas'tiʎa]
la crema	**pomata** [po'mata]
el jarabe	**sciroppo** [ʃi'roppo]
el spray	**spray** [spraj]
las gotas	**gocce** ['gotʃe]

Tiene que ir al hospital.	**Deve andare in ospedale.** ['dɛve an'dare in ospe'dale]
el seguro de salud	**assicurazione sanitaria** [assikura'tsjone sani'tarija]
la receta	**prescrizione** [preskri'tsjone]
el repelente de insectos	**insettifugo** [insett'ifugo]
la curita	**cerotto** [tʃe'rotto]

Lo más imprescindible

Perdone, ...	**Mi scusi, ...** [mi 'skuzi, ...]
Hola.	**Buongiorno.** [buɔn'dʒɔrnɔ]
Gracias.	**Grazie.** ['gratsiɛ]
Sí.	**Sì.** [si]
No.	**No.** [nɔ]
No lo sé.	**Non lo so.** [nɔn ʎo sɔ]
¿Dónde? | ¿A dónde? | ¿Cuándo?	**Dove? | Dove? | Quando?** ['dɔvɛ? | 'dɔvɛ? | ku'andɔ?]

Necesito ...	**Ho bisogno di ...** [ɔ bi'zɔɲɔ di ...]
Quiero ...	**Voglio ...** ['vɔʎɔ ...]
¿Tiene ...?	**Avete ...?** [a'vɛtɛ ...?]
¿Hay ... por aquí?	**C'è un /una/ ... qui?** [tʃɛ un /'una/ ... ku'i?]
¿Puedo ...?	**Posso ...?** ['pɔssɔ ...?]
..., por favor? (petición educada)	**per favore** [pɛr fa'vɔrɛ]

Busco ...	**Sto cercando ...** [stɔ tʃer'kandɔ ...]
el servicio	**bagno** [baɲɔ]
un cajero automático	**bancomat** [baŋkɔmat]
una farmacia	**farmacia** [farma'tʃija]
el hospital	**ospedale** [ɔspɛ'dale]
la comisaría	**stazione di polizia** [sta'tsʲɔnɛ di poli'tsija]
el metro	**metropolitana** [metrɔpoli'tana]
un taxi	**taxi** ['taksi]

la estación de tren	**stazione** [sta'tsjɔnɛ]
Me llamo ...	**Mi chiamo ...** [mi 'kjamɔ ...]
¿Cómo se llama?	**Come si chiama?** ['kɔmɛ si 'kjama?]

¿Puede ayudarme, por favor?	**Mi può aiutare, per favore?** [mi pu'ɔ aju'tarɛ, pɛr fa'vorɛ?]
Tengo un problema.	**Ho un problema.** [ɔ un prɔb'lema]
Me encuentro mal.	**Mi sento male.** [mi 'sɛntɔ 'male]
¡Llame a una ambulancia!	**Chiamate l'ambulanza!** [kja'matɛ ʎambu'ʎantsa!]
¿Puedo llamar, por favor?	**Posso fare una telefonata?** ['pɔssɔ 'farɛ 'una tɛlefɔ'nata?]

Lo siento.	**Mi dispiace.** [mi dis'pjatʃe]
De nada.	**Prego.** ['prɛgɔ]

Yo	**io** ['iɔ]
tú	**tu** [tu]
él	**lui** ['ʎui]
ella	**lei** ['lei]
ellos	**loro** ['ʎɔrɔ]
ellas	**loro** ['ʎɔrɔ]
nosotros	**noi** ['nɔi]
ustedes | vosotros	**voi** ['vɔi]
usted	**Lei** ['lei]

ENTRADA	**ENTRATA** [ɛnt'rata]
SALIDA	**USCITA** [u'ʃita]
FUERA DE SERVICIO	**FUORI SERVIZIO** [fu'ɔri sɛr'witsiɔ]
CERRADO	**CHIUSO** [kjuzɔ]
ABIERTO	**APERTO** [a'pɛrtɔ]

PARA SEÑORAS

PARA CABALLEROS

DONNE
['dɔnnɛ]

UOMINI
[u'omini]

DICCIONARIO CONCISO

Esta sección contiene más
de 1.500 palabras útiles.
El diccionario incluye muchos
términos gastronómicos
y será de gran ayuda para
pedir alimentos en un
restaurante o comprando
comestibles en la tienda

T&P Books Publishing

CONTENIDO
DEL DICCIONARIO

T&P Books Publishing

T&P Books Publishing

1. La hora. El calendario

tiempo (m)	**tempo** (m)	['tɛmpɔ]
hora (f)	**ora** (f)	['ɔra]
media hora (f)	**mezzora** (f)	[mɛ'dzɔra]
minuto (m)	**minuto** (m)	[mi'nutɔ]
segundo (m)	**secondo** (m)	[sɛ'kɔndɔ]
hoy (adv)	**oggi**	['ɔdʒi]
mañana (adv)	**domani**	[dɔ'mani]
ayer (adv)	**ieri**	['jeri]
lunes (m)	**lunedì** (m)	[lynɛ'di]
martes (m)	**martedì** (m)	[martɛ'di]
miércoles (m)	**mercoledì** (m)	[mɛrkɔle'di]
jueves (m)	**giovedì** (m)	[dʒɔvɛ'di]
viernes (m)	**venerdì** (m)	[vɛnɛr'di]
sábado (m)	**sabato** (m)	['sabatɔ]
domingo (m)	**domenica** (f)	[dɔ'mɛnika]
día (m)	**giorno** (m)	['dʒɔrnɔ]
día (m) de trabajo	**giorno** (m) **lavorativo**	['dʒɔrnɔ ʎavɔra'tivɔ]
día (m) de fiesta	**giorno** (m) **festivo**	['dʒɔrnɔ fɛs'tivɔ]
fin (m) de semana	**fine** (m) **settimana**	['finɛ sɛtti'mana]
semana (f)	**settimana** (f)	[sɛtti'mana]
semana (f) pasada	**la settimana scorsa**	[ʎa sɛtti'mana s'kɔrsa]
semana (f) que viene	**la settimana prossima**	[ʎa sɛtti'mana p'rɔssima]
salida (f) del sol	**levata** (f) **del sole**	[le'vata dɛʎ 'sɔle]
puesta (f) del sol	**tramonto** (m)	[tra'mɔntɔ]
por la mañana	**di mattina**	[di mat'tina]
por la tarde	**nel pomeriggio**	[nɛʎ pɔmɛ'ridʒɔ]
por la noche	**di sera**	[di 'sɛra]
esta noche	**stasera**	[sta'sɛra]
(p.ej. 8:00 p.m.)		
por la noche	**di notte**	[di 'nɔttɛ]
medianoche (f)	**mezzanotte** (f)	[mɛdza'nɔttɛ]
enero (m)	**gennaio** (m)	[dʒe'ŋajo]
febrero (m)	**febbraio** (m)	[fɛbb'rajo]
marzo (m)	**marzo** (m)	['martsɔ]
abril (m)	**aprile** (m)	[ap'rile]
mayo (m)	**maggio** (m)	['madʒɔ]
junio (m)	**giugno** (m)	['dʒuɲɔ]
julio (m)	**luglio** (m)	['lyʎɔ]

agosto (m)	**agosto** (m)	[a'gɔstɔ]
septiembre (m)	**settembre** (m)	[sɛt'tɛmbrɛ]
octubre (m)	**ottobre** (m)	[ɔt'tɔbrɛ]
noviembre (m)	**novembre** (m)	[nɔ'vɛmbrɛ]
diciembre (m)	**dicembre** (m)	[di'ʧembrɛ]
en primavera	**in primavera**	[in prima'vɛra]
en verano	**in estate**	[in ɛs'tatɛ]
en otoño	**in autunno**	[in au'tunnɔ]
en invierno	**in inverno**	[in in'vɛrnɔ]
mes (m)	**mese** (m)	['mezɛ]
estación (f)	**stagione** (f)	[sta'ʤɔnɛ]
año (m)	**anno** (m)	['annɔ]
siglo (m)	**secolo** (m)	['sɛkɔlɔ]

2. Números. Los numerales

cifra (f)	**cifra** (f)	['ʧifra]
número (m) (~ cardinal)	**numero** (m)	['numɛrɔ]
menos (m)	**meno** (m)	['menɔ]
más (m)	**più** (m)	['pjy]
suma (f)	**somma** (f)	['sɔmma]
primero (adj)	**primo**	[p'rimɔ]
segundo (adj)	**secondo**	[sɛ'kɔndɔ]
tercero (adj)	**terzo**	['tɛrʦɔ]
cero	**zero** (m)	['ʣɛrɔ]
uno	**uno**	['unɔ]
dos	**due**	['duɛ]
tres	**tre**	[t'rɛ]
cuatro	**quattro**	[ku'attrɔ]
cinco	**cinque**	['ʧiŋkuɛ]
seis	**sei**	['sɛj]
siete	**sette**	['sɛttɛ]
ocho	**otto**	['ɔttɔ]
nueve	**nove**	['nɔvɛ]
diez	**dieci**	['djeʧi]
once	**undici**	['undiʧi]
doce	**dodici**	['dɔdiʧi]
trece	**tredici**	[t'rɛdiʧi]
catorce	**quattordici**	[kuat'tɔrdiʧi]
quince	**quindici**	[ku'indiʧi]
dieciséis	**sedici**	['sɛdiʧi]
diecisiete	**diciassette**	[diʧas'sɛttɛ]
dieciocho	**diciotto**	[di'ʧottɔ]

diecinueve	diciannove	[ditʃa'ŋɔvɛ]
veinte	venti	['vɛnti]
treinta	trenta	[t'rɛnta]
cuarenta	quaranta	[kua'ranta]
cincuenta	cinquanta	[tʃiŋku'anta]

sesenta	sessanta	[sɛs'santa]
setenta	settanta	[sɛt'tanta]
ochenta	ottanta	[ɔt'tanta]
noventa	novanta	[nɔ'vanta]
cien	cento	['tʃentɔ]
doscientos	duecento	[duɛ'tʃentɔ]
trescientos	trecento	[trɛ'tʃentɔ]
cuatrocientos	quattrocento	[kuattrɔ'tʃentɔ]
quinientos	cinquecento	[tʃiŋkuɛ'tʃentɔ]

seiscientos	seicento	[sɛj'tʃentɔ]
setecientos	settecento	[sɛttɛ'tʃentɔ]
ochocientos	ottocento	[ɔttɔ'tʃentɔ]
novecientos	novecento	[nɔvɛ'tʃentɔ]
mil	mille	['mille]

diez mil	diecimila	[djetʃi'miʎa]
cien mil	centomila	[tʃentɔ'miʎa]
millón (m)	milione (m)	[mi'ʎɔnɛ]
mil millones	miliardo (m)	[mili'ardɔ]

3. El ser humano. Los familiares

hombre (m) (varón)	uomo (m)	[u'ɔmɔ]
joven (m)	giovane (m)	['dʒovanɛ]
adolescente (m)	adolescente (m, f)	[adɔle'ʃɛntɛ]
mujer (f)	donna (f)	['dɔnna]
muchacha (f)	ragazza (f)	[ra'gatsa]

edad (f)	età (f)	[ɛ'ta]
adulto	adulto (m)	[a'duʎtɔ]
de edad media (adj)	di mezza età	[di 'mɛdza ɛ'ta]
de edad, anciano (adj)	anziano	[antsi'anɔ]
viejo (adj)	vecchio	['vɛkkiɔ]

anciano (m)	vecchio (m)	['vɛkkiɔ]
anciana (f)	vecchia (f)	['vɛkkja]
jubilarse	andare in pensione	[an'darɛ in pɛnsi'ɔnɛ]
jubilado (m)	pensionato (m)	[pɛnsiɔ'natɔ]

madre (f)	madre (f)	['madrɛ]
padre (m)	padre (m)	['padrɛ]
hijo (m)	figlio (m)	['fiʎɔ]
hija (f)	figlia (f)	['fiʎja]

hermano (m)	**fratello** (m)	[fra'tɛllo]
hermana (f)	**sorella** (f)	[sɔ'rɛʎa]

padres (m pl)	**genitori** (m pl)	[dʒeni'tɔri]
niño -a (m, f)	**bambino** (m)	[bam'bino]
niños (m pl)	**bambini** (m pl)	[bam'bini]
madrastra (f)	**matrigna** (f)	[mat'riɲa]
padrastro (m)	**patrigno** (m)	[pat'riɲɔ]

abuela (f)	**nonna** (f)	['nɔnna]
abuelo (m)	**nonno** (m)	['nɔnnɔ]
nieto (m)	**nipote** (m)	[ni'pɔtɛ]
nieta (f)	**nipote** (f)	[ni'pɔtɛ]
nietos (m pl)	**nipoti** (pl)	[ni'pɔti]

tío (m)	**zio** (m)	[t'tsio]
tía (f)	**zia** (f)	[t'tsia]
sobrino (m)	**nipote** (m)	[ni'pɔtɛ]
sobrina (f)	**nipote** (f)	[ni'pɔtɛ]

mujer (f)	**moglie** (f)	['mɔʎje]
marido (m)	**marito** (m)	[ma'ritɔ]
casado (adj)	**sposato**	[spo'zatɔ]
casada (adj)	**sposata**	[spo'zata]
viuda (f)	**vedova** (f)	['vɛdova]
viudo (m)	**vedovo** (m)	['vɛdovɔ]

nombre (m)	**nome** (m)	['nɔmɛ]
apellido (m)	**cognome** (m)	[kɔ'ɲɔmɛ]

pariente (m)	**parente** (m)	[pa'rɛntɛ]
amigo (m)	**amico** (m)	[a'mikɔ]
amistad (f)	**amicizia** (f)	[ami'tʃitsia]

compañero (m)	**partner** (m)	['partnɛr]
superior (m)	**capo** (m), **superiore** (m)	['kapɔ], [supɛ'rɔrɛ]
colega (m, f)	**collega** (m)	[kɔl'lega]
vecinos (m pl)	**vicini** (m pl)	[wi'tʃini]

4. El cuerpo. La anatomía humana

organismo (m)	**organismo** (m)	[ɔrga'nizmɔ]
cuerpo (m)	**corpo** (m)	['kɔrpɔ]
corazón (m)	**cuore** (m)	[ku'ɔrɛ]
sangre (f)	**sangue** (m)	['sanguɛ]
cerebro (m)	**cervello** (m)	[tʃer'vɛllo]
nervio (m)	**nervo** (m)	['nɛrvɔ]

hueso (m)	**osso** (m)	['ɔssɔ]
esqueleto (m)	**scheletro** (m)	[s'kɛletrɔ]

columna (f) vertebral	colonna (f) vertebrale	[ko'lɜnna vɛrtɛb'rale]
costilla (f)	costola (f)	['kɔstɔʎa]
cráneo (m)	cranio (m)	[k'raniɔ]
músculo (m)	muscolo (m)	['muskɔlɔ]
pulmones (m pl)	polmoni (m pl)	[pɔʎ'mɔni]
piel (f)	pelle (f)	['pɛlle]
cabeza (f)	testa (f)	['tɛsta]
cara (f)	viso (m)	['wizɔ]
nariz (f)	naso (m)	['nazɔ]
frente (f)	fronte (f)	[f'rɔntɛ]
mejilla (f)	guancia (f)	[gu'antʃa]
boca (f)	bocca (f)	['bɔkka]
lengua (f)	lingua (f)	['lingua]
diente (m)	dente (m)	['dɛntɛ]
labios (m pl)	labbra (f pl)	['ʎabbra]
mentón (m)	mento (m)	['mentɔ]
oreja (f)	orecchio (m)	[ɔ'rɛkkiɔ]
cuello (m)	collo (m)	['kɔllɔ]
garganta (f)	gola (f)	['gɔʎa]
ojo (m)	occhio (m)	['ɔkkiɔ]
pupila (f)	pupilla (f)	[pu'piʎa]
ceja (f)	sopracciglio (m)	[sɔpra'tʃiʎ'ɔ]
pestaña (f)	ciglio (m)	['tʃiʎ'ɔ]
pelo, cabello (m)	capelli (m pl)	[ka'pɛlli]
peinado (m)	pettinatura (f)	[pɛttina'tura]
bigote (m)	baffi (m pl)	['baffi]
barba (f)	barba (f)	['barba]
tener (~ la barba)	portare (vt)	[pɔr'tarɛ]
calvo (adj)	calvo	['kaʎvɔ]
mano (f)	mano (f)	['manɔ]
brazo (m)	braccio (m)	[b'ratʃɔ]
dedo (m)	dito (m)	['ditɔ]
uña (f)	unghia (f)	['ungja]
palma (f)	palmo (m)	['paʎmɔ]
hombro (m)	spalla (f)	[s'paʎa]
pierna (f)	gamba (f)	['gamba]
planta (f)	pianta (f) del piede	['pjanta dɛʎ 'pjedɛ]
rodilla (f)	ginocchio (m)	[dʒi'nɔkkiɔ]
talón (m)	tallone (m)	[tal'lɜnɛ]
espalda (f)	schiena (f)	[s'kjena]
cintura (f), talle (m)	vita (f)	['wita]
lunar (m)	neo (m)	['nɛɔ]
marca (f) de nacimiento	voglia (f)	['vɔʎja]

5. La medicina. Las drogas

salud (f)	salute (f)	[sa'lytɛ]
sano (adj)	sano	['sanɔ]
enfermedad (f)	malattia (f)	[maʎat'tia]
estar enfermo	essere malato	['ɛssɛrɛ ma'ʎatɔ]
enfermo (adj)	malato	[ma'ʎatɔ]
resfriado (m)	raffreddore (m)	[raffrɛd'dorɛ]
resfriarse (vr)	raffreddarsi (vr)	[raffrɛd'darsi]
angina (f)	tonsillite (f)	[tɔnsil'litɛ]
pulmonía (f)	polmonite (f)	[pɔlmo'nitɛ]
gripe (f)	influenza (f)	[infly'ɛntsa]
resfriado (m) (coriza)	raffreddore (m)	[raffrɛd'dorɛ]
tos (f)	tosse (f)	['tɔssɛ]
toser (vi)	tossire (vi)	[tɔs'sirɛ]
estornudar (vi)	starnutire (vi)	[starnu'tirɛ]
insulto (m)	ictus (m) cerebrale	['iktus ʧeleb'rale]
ataque (m) cardiaco	attacco (m) di cuore	[at'takɔ di ku'ɔrɛ]
alergia (f)	allergia (f)	[aller'dʒia]
asma (f)	asma (f)	['azma]
diabetes (m)	diabete (m)	[dia'bɛtɛ]
tumor (m)	tumore (m)	[tu'mɔrɛ]
cáncer (m)	cancro (m)	['kaŋkrɔ]
alcoholismo (m)	alcolismo (m)	[aʎko'lizmɔ]
SIDA (f)	AIDS (m)	['aids]
fiebre (f)	febbre (f)	['fɛbbrɛ]
mareo (m)	mal (m) di mare	[maʎ di 'marɛ]
moradura (f)	livido (m)	['liwidɔ]
chichón (m)	bernoccolo (m)	[ber'nɔkkɔlɔ]
cojear (vi)	zoppicare (vi)	[dzɔppi'karɛ]
dislocación (f)	slogatura (f)	['zlɔga'tura]
dislocar (vt)	slogarsi (vr)	['zlɔ'garsi]
fractura (f)	frattura (f)	[frat'tura]
quemadura (f)	scottatura (f)	[skɔtta'tura]
herida (f)	ferita (f)	[fɛ'rita]
dolor (m)	dolore (m), male (m)	[dɔ'lɔrɛ], ['male]
dolor (m) de muelas	mal (m) di denti	[maʎ di 'dɛnti]
sudar (vi)	sudare (vi)	[su'darɛ]
sordo (adj)	sordo	['sɔrdɔ]
mudo (adj)	muto	['mutɔ]
inmunidad (f)	immunità (f)	[immuni'ta]
virus (m)	virus (m)	['wirus]
microbio (m)	microbo (m)	['mikrɔbɔ]

bacteria (f)	batterio (m)	[bat'tɛrio]
infección (f)	infezione (f)	[infɛ'tsʲɔnɛ]
hospital (m)	ospedale (m)	[ɔspɛ'dale]
cura (f)	cura (f)	['kura]
vacunar (vt)	vaccinare (vt)	[vatʃi'narɛ]
estar en coma	essere in coma	['ɛssɛrɛ in 'kɔma]
revitalización (f)	rianimazione (f)	[rianima'tsʲɔnɛ]
síntoma (m)	sintomo (m)	['sintɔmɔ]
pulso (m)	polso (m)	['pɔʌsɔ]

6. Los sentimientos. Las emociones

yo	io	['iɔ]
tú	tu	['tu]
él	lui	['lyj]
ella	lei	['lej]
nosotros, -as	noi	['nɔj]
vosotros, -as	voi	['vɔj]
ellos, ellas	loro, essi	['lɜrɔ], ['ɛssi]
¡Hola! (fam.)	Buongiorno!	[buɔn'dʒɔrnɔ]
¡Hola! (form.)	Salve!	['saʌvɛ]
¡Buenos días!	Buongiorno!	[buɔn'dʒɔrnɔ]
¡Buenas tardes!	Buon pomeriggio!	[bu'ɔn pɔmɛ'ridʒɔ]
¡Buenas noches!	Buonasera!	[buɔna'sɛra]
decir hola	salutare (vt)	[saly'tarɛ]
saludar (vt)	salutare (vt)	[saly'tarɛ]
¿Cómo estás?	Come va?	['kɔmɛ 'va]
¡Chau! ¡Adiós!	Arrivederci!	[arrivɛ'dɛrtʃi]
¡Gracias!	Grazie!	[g'ratsiɛ]
sentimientos (m pl)	sentimenti (m pl)	[sɛnti'mɛnti]
tener hambre	avere fame	[a'vɛrɛ 'famɛ]
tener sed	avere sete	[a'vɛrɛ 'sɛtɛ]
cansado (adj)	stanco	[s'taŋkɔ]
inquietarse (vr)	essere preoccupato	['ɛssɛrɛ prɛɔkku'patɔ]
estar nervioso	essere nervoso	['ɛssɛrɛ nɛr'vozɔ]
esperanza (f)	speranza (f)	[spɛ'rantsa]
esperar (tener esperanza)	sperare (vi, vt)	[spɛ'rarɛ]
carácter (m)	carattere (m)	[ka'rattɛrɛ]
modesto (adj)	modesto	[mɔ'dɛstɔ]
perezoso (adj)	pigro	['pigrɔ]
generoso (adj)	generoso	[dʒenɛ'rozɔ]
talentoso (adj)	di talento	[di ta'lentɔ]
honesto (adj)	onesto	[ɔ'nɛstɔ]

serio (adj)	serio	['sɛrio]
tímido (adj)	timido	['timido]
sincero (adj)	sincero	[sin'tʃero]
cobarde (m)	codardo (m)	[ko'dardo]

dormir (vi)	dormire (vi)	[dor'mirɛ]
sueño (m) (dulces ~s)	sogno (m)	['soɲo]
cama (f)	letto (m)	['letto]
almohada (f)	cuscino (m)	[ku'ʃino]

insomnio (m)	insonnia (f)	[in'sonnia]
irse a la cama	andare a letto	[an'darɛ a 'letto]
pesadilla (f)	incubo (m)	['iŋkubo]
despertador (m)	sveglia (f)	[z'vɛʎja]

sonrisa (f)	sorriso (m)	[sor'rizo]
sonreír (vi)	sorridere (vi)	[sor'ridɛrɛ]
reírse (vr)	ridere (vi)	['ridɛrɛ]

disputa (f), riña (f)	litigio (m)	[li'tidʒo]
insulto (m)	insulto (m)	[in'suʎto]
ofensa (f)	offesa (f)	[offɛza]
enfadado (adj)	arrabbiato	[arrab'bjato]

7. La ropa. Accesorios personales

ropa (f), vestido (m)	vestiti (m pl)	[vɛs'titi]
abrigo (m)	cappotto (m)	[kap'potto]
abrigo (m) de piel	pelliccia (f)	[pɛl'litʃa]
cazadora (f)	giubbotto (m), giaccha (f)	[dʒub'botto], ['dʒakka]
impermeable (m)	impermeabile (m)	[impɛrme'abile]
camisa (f)	camicia (f)	[ka'mitʃa]
pantalones (m pl)	pantaloni (m pl)	[panta'loni]
chaqueta (f), saco (m)	giacca (f)	['dʒakka]
traje (m)	abito (m) da uomo	['abito da u'omo]

vestido (m)	abito (m)	['abito]
falda (f)	gonna (f)	['gonna]
camiseta (f) (T-shirt)	maglietta (f)	[ma'ʎjetta]
bata (f) de baño	accappatoio (m)	[akkappa'tojo]
pijama (f)	pigiama (m)	[pi'dʒama]
ropa (f) de trabajo	tuta (f) da lavoro	['tuta da ʎa'voro]

ropa (f) interior	biancheria (f) intima	[bjaŋkɛ'ria 'intima]
calcetines (m pl)	calzini (m pl)	[kaʎ'tsini]
sostén (m)	reggiseno (m)	[rɛdʒi'sɛno]
pantimedias (f pl)	collant (m)	[ko'ʎant]
medias (f pl)	calze (f pl)	['kaʎtse]
traje (m) de baño	costume (m) da bagno	[kos'tumɛ da 'baɲo]
gorro (m)	cappello (m)	[kap'pɛllo]

calzado (m)	calzature (f pl)	[kaʎtsa'turɛ]
botas (f pl) altas	stivali (m pl)	[sti'vali]
tacón (m)	tacco (m)	['takkɔ]
cordón (m)	laccio (m)	['ʎatʃɔ]
betún (m)	lucido (m) per le scarpe	['lytʃidɔ pɛr le s'karpɛ]
algodón (m)	cotone (m)	[kɔ'tɔnɛ]
lana (f)	lana (f)	['ʎana]
piel (f) (~ de zorro, etc.)	pelliccia (f)	[pɛl'litʃa]
guantes (m pl)	guanti (m pl)	[gu'anti]
manoplas (f pl)	manopole (f pl)	[ma'nɔpole]
bufanda (f)	sciarpa (f)	['ʃarpa]
gafas (f pl)	occhiali (m pl)	[ɔk'kjali]
paraguas (m)	ombrello (m)	[ɔmb'rɛllo]
corbata (f)	cravatta (f)	[kra'vatta]
moquero (m)	fazzoletto (m)	[fatsɔ'lettɔ]
peine (m)	pettine (m)	['pɛttinɛ]
cepillo (m) de pelo	spazzola (f) per capelli	[s'patsɔʎa pɛr ka'pɛlli]
hebilla (f)	fibbia (f)	['fibbja]
cinturón (m)	cintura (f)	[tʃin'tura]
bolso (m)	borsetta (f)	[bɔr'sɛtta]
cuello (m)	collo (m)	['kɔllɔ]
bolsillo (m)	tasca (f)	['taska]
manga (f)	manica (f)	['manika]
bragueta (f)	patta (f)	['patta]
cremallera (f)	cerniera (f) lampo	[tʃer'njera 'lampɔ]
botón (m)	bottone (m)	[bɔt'tɔnɛ]
ensuciarse (vr)	sporcarsi (vr)	[spɔr'karsi]
mancha (f)	macchia (f)	['makkja]

8. La ciudad. Las instituciones urbanas

tienda (f)	negozio (m)	[nɛ'gɔtsiɔ]
centro (m) comercial	centro (m) commerciale	['tʃentrɔ kɔmmɛr'tʃale]
supermercado (m)	supermercato (m)	[supɛrmɛr'katɔ]
zapatería (f)	negozio (m) di scarpe	[nɛ'gɔtsiɔ di s'karpɛ]
librería (f)	libreria (f)	[librɛ'ria]
farmacia (f)	farmacia (f)	[farma'tʃia]
panadería (f)	panetteria (f)	[panɛttɛ'ria]
pastelería (f)	pasticceria (f)	[pastitʃe'ria]
tienda (f) de comestibles	drogheria (f)	[drɔgɛ'ria]
carnicería (f)	macelleria (f)	[matʃelle'ria]
verdulería (f)	fruttivendolo (m)	[frutti'vɛndɔlɔ]
mercado (m)	mercato (m)	[mɛr'katɔ]
peluquería (f)	salone (m) di parrucchiere	[sa'lɔnɛ di parruk'kjerɛ]

oficina (f) de correos	ufficio (m) postale	[ufˈfitʃo posˈtale]
tintorería (f)	lavanderia (f) a secco	[ʎavandɛˈria a ˈsɛkkɔ]
circo (m)	circo (m)	[ˈtʃirkɔ]
zoo (m)	zoo (m)	[ˈdzoː]
teatro (m)	teatro (m)	[tɛˈatrɔ]
cine (m)	cinema (m)	[ˈtʃinɛma]
museo (m)	museo (m)	[muˈzɛɔ]
biblioteca (f)	biblioteca (f)	[biblioˈtɛka]
mezquita (f)	moschea (f)	[mɔsˈkɛa]
sinagoga (f)	sinagoga (f)	[sinaˈgɔga]
catedral (f)	cattedrale (f)	[kattɛdˈrale]
templo (m)	tempio (m)	[ˈtɛmpʲɔ]
iglesia (f)	chiesa (f)	[ˈkjeza]
instituto (m)	istituto (m)	[istiˈtutɔ]
universidad (f)	università (f)	[univɛrsiˈta]
escuela (f)	scuola (f)	[skuˈɔʎa]
hotel (m)	albergo (m)	[aʎˈbɛrgɔ]
banco (m)	banca (f)	[ˈbaŋka]
embajada (f)	ambasciata (f)	[ambaˈʃata]
agencia (f) de viajes	agenzia (f) di viaggi	[adʒenˈtsia di wiˈjadʒi]
metro (m)	metropolitana (f)	[metrɔpoliˈtana]
hospital (m)	ospedale (m)	[ɔspɛˈdale]
gasolinera (f)	distributore (m) di benzina	[distribuˈtɔrɛ di benˈdzina]
aparcamiento (m)	parcheggio (m)	[parˈkɛdʒɔ]
ENTRADA	ENTRATA	[ɛntˈrata]
SALIDA	USCITA	[uˈʃita]
EMPUJAR	SPINGERE	[sˈpindʒerɛ]
TIRAR	TIRARE	[tiˈrarɛ]
ABIERTO	APERTO	[aˈpɛrtɔ]
CERRADO	CHIUSO	[ˈkjyzɔ]
monumento (m)	monumento (m)	[mɔnuˈmɛntɔ]
fortaleza (f)	fortezza (f)	[fɔrˈtɛtsa]
palacio (m)	palazzo (m)	[paˈʎatsɔ]
medieval (adj)	medievale	[mɛdiɛˈvale]
antiguo (adj)	antico	[anˈtikɔ]
nacional (adj)	nazionale	[natsioˈnale]
conocido (adj)	famoso	[faˈmɔzɔ]

9. El dinero. Las finanzas

| dinero (m) | soldi (m pl) | [ˈsɔʎdi] |
| moneda (f) | moneta (f) | [mɔˈnɛta] |

dólar (m)	dollaro (m)	['dɔʎarɔ]
euro (m)	euro (m)	['ɛurɔ]

cajero (m) automático	bancomat (m)	['baŋkɔmat]
oficina (f) de cambio	ufficio (m) dei cambi	[uf'fitʃɔ dɛi 'kambi]
curso (m)	corso (m) di cambio	['kɔrsɔ di 'kambʲɔ]
dinero (m) en efectivo	contanti (m pl)	[kɔn'tanti]
¿Cuánto?	Quanto?	[ku'antɔ]
pagar (vi, vt)	pagare (vi, vt)	[pa'garɛ]
pago (m)	pagamento (m)	[paga'mɛntɔ]
cambio (m) (devolver el ~)	resto (m)	['rɛstɔ]

precio (m)	prezzo (m)	[p'rɛtsɔ]
descuento (m)	sconto (m)	[s'kɔntɔ]
barato (adj)	a buon mercato	[a bu'ɔn mɛr'katɔ]
caro (adj)	caro	['karɔ]

banco (m)	banca (f)	['baŋka]
cuenta (f)	conto (m)	['kɔntɔ]
tarjeta (f) de crédito	carta (f) di credito	['karta di k'rɛditɔ]
cheque (m)	assegno (m)	[as'sɛɲʲɔ]
sacar un cheque	emettere un assegno	[ɛ'mɛttɛrɛ un as'sɛɲʲɔ]
talonario (m)	libretto (m) di assegni	[lib'rɛttɔ di as'sɛɲʲi]

deuda (f)	debito (m)	['dɛbitɔ]
deudor (m)	debitore (m)	[dɛbi'tɔrɛ]
prestar (vt)	prestare (vt)	[pres'tarɛ]
tomar prestado	prendere in prestito	[p'rɛndɛrɛ in p'rɛstitɔ]

alquilar (vt)	noleggiare (vt)	[nɔle'dʒarɛ]
a crédito (adv)	a credito	[a k'rɛditɔ]
cartera (f)	portafoglio (m)	[pɔrta'fɔʎʲɔ]
caja (f) fuerte	cassaforte (f)	[kassa'fɔrtɛ]
herencia (f)	eredità (f)	[ɛrɛdi'ta]
fortuna (f)	fortuna (f)	[fɔr'tuna]

impuesto (m)	imposta (f)	[im'pɔsta]
multa (f)	multa (f), ammenda (f)	['muʎta], [am'mɛnda]
multar (vt)	multare (vt)	[muʎ'tarɛ]

al por mayor (adj)	all'ingrosso	[alling'rɔssɔ]
al por menor (adj)	al dettaglio	[aʎ dɛt'taʎʲɔ]
asegurar (vt)	assicurare (vt)	[assiku'rarɛ]
seguro (m)	assicurazione (f)	[assikura'tsʲɔnɛ]

capital (m)	capitale (m)	[kapi'tale]
volumen (m) de negocios	giro (m) di affari	['dʒirɔ di af'fari]
acción (f)	azione (f)	[a'tsʲɔnɛ]
beneficio (m)	profitto (m)	[prɔ'fittɔ]
beneficioso (adj)	redditizio	[rɛdi'titsiɔ]
crisis (m)	crisi (f)	[k'rizi]
bancarrota (f)	bancarotta (f)	[baŋka'rɔtta]

ir a la bancarrota	fallire (vi)	[fal'lirɛ]
contable (m)	contabile (m)	[kɔn'tabile]
salario (m)	stipendio (m)	[sti'pɛndiɔ]
premio (m)	premio (m)	[p'rɛmiɔ]

10. El transporte

autobús (m)	autobus (m)	['autɔbus]
tranvía (m)	tram (m)	[tram]
trolebús (m)	filobus (m)	['fi'lɔbus]
ir en ...	andare in ...	[an'darɛ in]
tomar (~ el autobús)	salire su ...	[sa'lirɛ su]
bajar (~ del tren)	scendere da ...	['ʃɛndɛrɛ da]
parada (f)	fermata (f)	[fɛr'mata]
parada (f) final	capolinea (m)	[kapɔ'linɛa]
horario (m)	orario (m)	[ɔ'rariɔ]
billete (m)	biglietto (m)	[bi'ʎjettɔ]
llegar tarde (vi)	essere in ritardo	['ɛssɛrɛ in ri'tardɔ]
taxi (m)	taxi (m)	['taksi]
en taxi	in taxi	[in 'taksi]
parada (f) de taxis	parcheggio (m) di taxi	[par'kɛdʒɔ di 'taksi]
tráfico (m)	traffico (m)	[t'raffikɔ]
horas (f pl) de punta	ore (f pl) di punta	['ɔrɛ di 'punta]
aparcar (vi)	parcheggiarsi (vr)	[parkɛ'dʒarsi]
metro (m)	metropolitana (f)	[metrɔpɔli'tana]
estación (f)	stazione (f)	[sta'tsjɔnɛ]
tren (m)	treno (m)	[t'rɛnɔ]
estación (f)	stazione (f) ferroviaria	[sta'tsjɔnɛ fɛrrɔ'vjaria]
rieles (m pl)	rotaie (f pl)	[rɔ'taje]
compartimiento (m)	scompartimento (m)	[skɔmparti'mɛntɔ]
litera (f)	cuccetta (f)	[ku'tʃetta]
avión (m)	aereo (m)	[a'ɛrɛɔ]
billete (m) de avión	biglietto (m) aereo	[bi'ʎjettɔ a'ɛrɛɔ]
compañía (f) aérea	compagnia (f) aerea	[kɔmpa'nia a'ɛrɛa]
aeropuerto (m)	aeroporto (m)	[aɛrɔ'pɔrtɔ]
vuelo (m) (~ de pájaro)	volo (m)	['vɔlɔ]
equipaje (m)	bagaglio (m)	[ba'gaʎɔ]
carrito (m) de equipaje	carrello (m)	[kar'rɛllɔ]
buque (m)	nave (f)	['navɛ]
trasatlántico (m)	transatlantico (m)	[transat'lantikɔ]
yate (m)	yacht (m)	[jot]
bote (m) de remo	barca (f)	['barka]

capitán (m)	**capitano** (m)	[kapi'tano]
camarote (m)	**cabina** (f)	[ka'bina]
puerto (m)	**porto** (m)	['pɔrtɔ]
bicicleta (f)	**bicicletta** (f)	[bitʃik'letta]
scooter (f)	**motorino** (m)	[mɔtɔ'rinɔ]
motocicleta (f)	**motocicletta** (f)	[mɔtɔtʃik'letta]
pedal (m)	**pedale** (m)	[pɛ'dale]
bomba (f)	**pompa** (f)	['pɔmpa]
rueda (f)	**ruota** (f)	[ru'ɔta]
coche (m)	**automobile** (f)	[autɔ'mɔbile]
ambulancia (f)	**ambulanza** (f)	[ambu'ʎantsa]
camión (m)	**camion** (m)	['kamiɔn]
de ocasión (adj)	**di seconda mano**	[di sɛ'kɔnda 'manɔ]
accidente (m)	**incidente** (m)	[intʃi'dɛntɛ]
reparación (f)	**riparazione** (f)	[ripara'tsiɔnɛ]

11. La comida. Unidad 1

carne (f)	**carne** (f)	['karnɛ]
gallina (f)	**pollo** (m)	['pɔllɔ]
pato (m)	**anatra** (f)	['anatra]
carne (f) de cerdo	**carne** (m) **di maiale**	['karnɛ di ma'jale]
carne (f) de ternera	**vitello** (m)	[wi'tɛllɔ]
carne (f) de carnero	**carne** (f) **di agnello**	['karnɛ di a'nɛllɔ]
carne (f) de vaca	**manzo** (m)	['mandzɔ]
salchichón (m)	**salame** (m)	[sa'ʎamɛ]
huevo (m)	**uovo** (m)	[u'ovɔ]
pescado (m)	**pesce** (m)	['pɛʃɛ]
queso (m)	**formaggio** (m)	[fɔr'madʒɔ]
azúcar (m)	**zucchero** (m)	['dzukkɛrɔ]
sal (f)	**sale** (m)	['sale]
arroz (m)	**riso** (m)	['rizɔ]
macarrones (m pl)	**pasta** (f)	['pasta]
mantequilla (f)	**burro** (m)	['burrɔ]
aceite (m) vegetal	**olio** (m) **vegetale**	['ɔʎɔ wedʒe'tale]
pan (m)	**pane** (m)	['panɛ]
chocolate (m)	**cioccolato** (m)	[tʃɔkkɔ'ʎatɔ]
vino (m)	**vino** (m)	['winɔ]
café (m)	**caffè** (m)	[kafˈfɛ]
leche (f)	**latte** (m)	['ʎattɛ]
zumo (m)	**succo** (m)	['sukkɔ]
cerveza (f)	**birra** (f)	['birra]
té (m)	**tè** (m)	[tɛ]
tomate (m)	**pomodoro** (m)	[pɔmɔ'dɔrɔ]

pepino (m)	cetriolo (m)	[tʃetri'ɔlo]
zanahoria (f)	carota (f)	[ka'rɔta]
patata (f)	patata (f)	[pa'tata]
cebolla (f)	cipolla (f)	[tʃi'poʎa]
ajo (m)	aglio (m)	['aʎɔ]
col (f)	cavolo (m)	['kavolɔ]
remolacha (f)	barbabietola (f)	[barba'bjetɔʎa]
berenjena (f)	melanzana (f)	[mɛʎan'tsana]
eneldo (m)	aneto (m)	[a'nɛtɔ]
lechuga (f)	lattuga (f)	[ʎat'tuga]
maíz (m)	mais (m)	['mais]
fruto (m)	frutto (m)	[fʰrutto]
manzana (f)	mela (f)	['mɛʎa]
pera (f)	pera (f)	['pɛra]
limón (m)	limone (m)	[li'mɔnɛ]
naranja (f)	arancia (f)	[a'rantʃa]
fresa (f)	fragola (f)	[fʰragoʎa]
ciruela (f)	prugna (f)	[p'ruɲja]
frambuesa (f)	lampone (m)	[ʎam'pɔnɛ]
ananás (m)	ananas (m)	[ana'nas]
banana (f)	banana (f)	[ba'nana]
sandía (f)	anguria (f)	[a'ŋuria]
uva (f)	uva (f)	['uva]
melón (m)	melone (m)	[mɛ'lɜnɛ]

12. La comida. Unidad 2

cocina (f)	cucina (f)	[ku'tʃina]
receta (f)	ricetta (f)	[ri'tʃetta]
comida (f)	cibo (m)	['tʃibɔ]
desayunar (vi)	fare colazione	['farɛ kɔʎa'tsʲonɛ]
almorzar (vi)	pranzare (vi)	[pran'tsarɛ]
cenar (vi)	cenare (vi)	[tʃe'narɛ]
sabor (m)	gusto (m)	['gustɔ]
sabroso (adj)	buono, gustoso	[bu'ɔnɔ], [gus'tɔzɔ]
frío (adj)	freddo	[fʰreddɔ]
caliente (adj)	caldo	['kaʎdɔ]
azucarado (adj)	dolce	['dɔʎtʃe]
salado (adj)	salato	[sa'ʎatɔ]
bocadillo (m)	panino (m)	[pa'ninɔ]
guarnición (f)	contorno (m)	[kɔn'tɔrnɔ]
relleno (m)	ripieno (m)	[ri'pjenɔ]
salsa (f)	salsa (f)	['saʎsa]
pedazo (m)	pezzo (m)	['pɛtsɔ]

dieta (f)	dieta (f)	[di'ɛta]
vitamina (f)	vitamina (f)	[wita'mina]
caloría (f)	caloria (f)	[ka'lɜ'ria]
vegetariano (m)	vegetariano (m)	[vɛdʒetari'anɔ]
restaurante (m)	ristorante (m)	[ristɔ'rantɛ]
cafetería (f)	caffè (m)	[kaf'fɛ]
apetito (m)	appetito (m)	[appɛ'titɔ]
¡Que aproveche!	Buon appetito!	[bu'ɔn appɛ'titɔ]
camarero (m)	cameriere (m)	[kamɛ'rjerɛ]
camarera (f)	cameriera (f)	[kamɛ'rjera]
barman (m)	barista (m)	[ba'rista]
carta (f), menú (m)	menù (m)	[me'nu]
cuchara (f)	cucchiaio (m)	[kuk'kjajo]
cuchillo (m)	coltello (m)	[kɔʎ'tɛllɔ]
tenedor (m)	forchetta (f)	[for'kɛtta]
taza (f)	tazza (f)	['tattsa]
plato (m)	piatto (m)	['pjattɔ]
platillo (m)	piattino (m)	[pjat'tinɔ]
servilleta (f)	tovagliolo (m)	[tɔva'ʎɔlɔ]
mondadientes (m)	stuzzicadenti (m)	[stuttsika'dɛnti]
pedir (vt)	ordinare (vt)	[ɔrdi'narɛ]
plato (m)	piatto (m)	['pjattɔ]
porción (f)	porzione (f)	[por'tsʲɔnɛ]
entremés (m)	antipasto (m)	[anti'pastɔ]
ensalada (f)	insalata (f)	[insa'ʎata]
sopa (f)	minestra (f)	[mi'nɛstra]
postre (m)	dolce (m)	['dɔʎtʃe]
confitura (f)	marmellata (f)	[marmɛ'ʎata]
helado (m)	gelato (m)	[dʒe'ʎatɔ]
cuenta (f)	conto (m)	['kɔntɔ]
pagar la cuenta	pagare il conto	[pa'garɛ iʎ 'kɔntɔ]
propina (f)	mancia (f)	['mantʃa]

13. La casa. El apartamento. Unidad 1

casa (f)	casa (f)	['kaza]
casa (f) de campo	casa (f) di campagna	['kaza di kam'paɲja]
villa (f)	villa (f)	['wiʎa]
piso (m)	piano (m)	['pjanɔ]
entrada (f)	entrata (f)	[ɛnt'rata]
pared (f)	muro (m)	['murɔ]
techo (m)	tetto (m)	['tɛttɔ]
chimenea (f)	ciminiera (f)	[tʃimi'njera]

desván (m)	**soffitta** (f)	[sɔfˈfitta]
ventana (f)	**finestra** (f)	[fiˈnɛstra]
alféizar (m)	**davanzale** (m)	[davanˈʦale]
balcón (m)	**balcone** (m)	[baʎˈkɔnɛ]

escalera (f)	**scala** (f)	[sˈkaʎa]
buzón (m)	**cassetta** (f) **della posta**	[kasˈsɛtta ˈdeʎa ˈpɔsta]
contenedor (m) de basura	**secchio** (m) **della spazzatura**	[ˈsɛkkio ˈdeʎa spaʦsaˈtura]
ascensor (m)	**ascensore** (m)	[aʃɛnˈsɔrɛ]

electricidad (f)	**elettricità** (f)	[ɛlettritʃiˈta]
bombilla (f)	**lampadina** (f)	[ʎampaˈdina]
interruptor (m)	**interruttore** (m)	[intɛrrutˈtɔrɛ]
enchufe (m)	**presa** (f) **elettrica**	[pˈrɛza ɛˈlettrika]
fusible (m)	**fusibile** (m)	[fuˈzibile]

puerta (f)	**porta** (f)	[ˈpɔrta]
tirador (m)	**maniglia** (f)	[maˈniʎja]
llave (f)	**chiave** (f)	[ˈkjavɛ]
felpudo (m)	**zerbino** (m)	[ʣɛrˈbinɔ]

cerradura (f)	**serratura** (f)	[sɛrraˈtura]
timbre (m)	**campanello** (m)	[kampaˈnɛllɔ]
llamada (f) (golpes)	**bussata** (f)	[busˈsata]
llamar (golpear)	**bussare** (vi)	[busˈsarɛ]
mirilla (f)	**spioncino** (m)	[spʲonˈtʃino]

patio (m)	**cortile** (m)	[kɔrˈtile]
jardín (m)	**giardino** (m)	[dʒarˈdinɔ]
piscina (f)	**piscina** (f)	[piˈʃina]
gimnasio (m)	**palestra** (f)	[paˈlestra]
cancha (f) de tenis	**campo** (m) **da tennis**	[ˈkampɔ da ˈtɛnnis]
garaje (m)	**garage** (m)	[gaˈraʒ]

propiedad (f) privada	**proprietà** (f) **privata**	[prɔpriɛˈta priˈvata]
letrero (m) de aviso	**cartello** (m) **di avvertimento**	[ˈkartɛllɔ di avɛrtiˈmɛntɔ]

seguridad (f)	**sicurezza** (f)	[sikuˈrɛʦsa]
guardia (m) de seguridad	**guardia** (f) **giurata**	[guˈardia dʒuˈrata]

renovación (f)	**lavori** (m pl) **di restauro**	[laˈvɔri di rɛsˈtaurɔ]
renovar (vt)	**rinnovare** (vt)	[rinnoˈvarɛ]
poner en orden	**mettere in ordine**	[ˈmɛttɛrɛ in ˈɔrdinɛ]
pintar (las paredes)	**pitturare** (vt)	[pittuˈrarɛ]
empapelado (m)	**carta** (f) **da parati**	[ˈkarta da paˈrati]
cubrir con barniz	**verniciare** (vt)	[vɛrniˈtʃarɛ]
tubo (m)	**tubo** (m)	[ˈtubɔ]
instrumentos (m pl)	**strumenti** (m pl)	[struˈmɛnti]
sótano (m)	**seminterrato** (m)	[sɛminterˈratɔ]
alcantarillado (m)	**fognatura** (f)	[fɔɲjaˈtura]

14. La casa. El apartamento. Unidad 2

apartamento (m)	appartamento (m)	[apparta'mɛntɔ]
habitación (f)	camera (f), stanza (f)	['kamɛra], [s'tantsa]
dormitorio (m)	camera (f) da letto	['kamɛra da 'lettɔ]
comedor (m)	sala (f) da pranzo	['saʎa da p'rantsɔ]
salón (m)	salotto (m)	[sa'lɔttɔ]
despacho (m)	studio (m)	[s'tudiɔ]
antecámara (f)	ingresso (m)	[ing'rɛssɔ]
cuarto (m) de baño	bagno (m)	['baɲɔ]
servicio (m)	gabinetto (m)	[gabi'nɛttɔ]
suelo (m)	pavimento (m)	[pawi'mɛntɔ]
techo (m)	soffitto (m)	[sɔf'fittɔ]
limpiar el polvo	spolverare (vt)	[spɔʎvɛ'rarɛ]
aspirador (m)	aspirapolvere (m)	[aspira'pɔʎvɛrɛ]
limpiar con la aspiradora	passare l'aspirapolvere	[pas'sarɛ ʎaspira'pɔʎvɛrɛ]
fregona (f)	frettazzo (m)	[frɛt'tatsɔ]
trapo (m)	strofinaccio (m)	[strɔfi'natʃɔ]
escoba (f)	scopa (f)	[s'kɔpa]
cogedor (m)	paletta (f)	[pa'letta]
muebles (m pl)	mobili (m pl)	['mɔbili]
mesa (f)	tavolo (m)	['tavɔlɔ]
silla (f)	sedia (f)	['sɛdia]
sillón (m)	poltrona (f)	[pɔʎt'rɔna]
librería (f)	libreria (f)	[librɛ'ria]
estante (m)	ripiano (m)	[ri'pjanɔ]
armario (m)	armadio (m)	[ar'madiɔ]
espejo (m)	specchio (m)	[s'pɛkkiɔ]
tapiz (m)	tappeto (m)	[tap'pɛtɔ]
chimenea (f)	camino (m)	[ka'minɔ]
cortinas (f pl)	tende (f pl)	['tɛndɛ]
lámpara (f) de mesa	lampada (f) da tavolo	['ʎampada da 'tavɔlɔ]
lámpara (f) de araña	lampadario (m)	[ʎampa'dariɔ]
cocina (f)	cucina (f)	[ku'tʃina]
cocina (f) de gas	fornello (m) a gas	[fɔr'nɛllɔ a gas]
cocina (f) eléctrica	fornello (m) elettrico	[fɔr'nɛllɔ ɛ'lettrikɔ]
horno (m) microondas	forno (m) a microonde	['fɔrnɔ a mikrɔ'ɔndɛ]
frigorífico (m)	frigorifero (m)	[frigɔ'rifɛrɔ]
congelador (m)	congelatore (m)	[kɔndʒeʎa'tɔrɛ]
lavavajillas (m)	lavastoviglie (f)	[ʎavastɔ'wiʎje]
grifo (m)	rubinetto (m)	[rubi'nɛttɔ]
picadora (f) de carne	tritacarne (m)	[trita'karnɛ]
exprimidor (m)	spremifrutta (m)	[sprɛmif'rutta]

| tostador (m) | tostapane (m) | [tɔsta'panɛ] |
| batidora (f) | mixer (m) | ['miksɛr] |

cafetera (f) (preparar café)	macchina (f) da caffè	['makkina da kaffɛ]
hervidor (m) de agua	bollitore (m)	[bolli'tɔrɛ]
tetera (f)	teiera (f)	[tɛ'jera]

televisor (m)	televisore (m)	[tɛlewi'zɔrɛ]
vídeo (m)	videoregistratore (m)	[widɛɔrɛdʒistra'tɔrɛ]
plancha (f)	ferro (m) da stiro	['fɛrrɔ da s'tirɔ]
teléfono (m)	telefono (m)	[tɛ'lefɔnɔ]

15. Los trabajos. El estatus social

director (m)	direttore (m)	[dirɛt'tɔrɛ]
superior (m)	capo (m), superiore (m)	['kapɔ], [supɛ'rɔrɛ]
presidente (m)	presidente (m)	[prɛzi'dɛntɛ]
asistente (m)	assistente (m)	[assis'tɛntɛ]
secretario, -a (m, f)	segretario (m)	[sɛgrɛ'tarjɔ]

propietario (m)	proprietario (m)	[prɔpriɛ'tarjɔ]
compañero (m)	partner (m)	['partnɛr]
accionista (m)	azionista (m)	[atsiɔ'nista]

hombre (m) de negocios	uomo (m) d'affari	[u'omɔ daffari]
millonario (m)	milionario (m)	[miʎɔ'narjɔ]
multimillonario (m)	miliardario (m)	[miʎar'darjɔ]

actor (m)	attore (m)	[at'tɔrɛ]
arquitecto (m)	architetto (m)	[arki'tɛttɔ]
banquero (m)	banchiere (m)	[ban'kjerɛ]
broker (m)	broker (m)	[b'rokɛr]
veterinario (m)	veterinario (m)	[vɛtɛri'narjɔ]
médico (m)	medico (m)	['mɛdikɔ]
camarera (f)	cameriera (f)	[kamɛ'rjera]
diseñador (m)	designer (m)	[di'zajnɛr]
corresponsal (m)	corrispondente (m)	[kɔrrispon'dɛntɛ]
repartidor (m)	fattorino (m)	[fattɔ'rinɔ]

electricista (m)	elettricista (m)	[ɛlettri'ʧista]
músico (m)	musicista (m)	[muzi'ʧista]
niñera (f)	baby-sitter (f)	[bɛbi'sitɛr]
peluquero (m)	parrucchiere (m)	[parruk'kjerɛ]
pastor (m)	pastore (m)	[pas'tɔrɛ]

cantante (m)	cantante (m)	[kan'tantɛ]
traductor (m)	traduttore (m)	[tradut'tɔrɛ]
escritor (m)	scrittore (m)	[skrit'tɔrɛ]
carpintero (m)	falegname (m)	[fale'njamɛ]
cocinero (m)	cuoco (m)	[ku'okɔ]

bombero (m)	pompiere (m)	[pɔm'pjɛrɛ]
policía (m)	poliziotto (m)	[pɔliʦi'ɔttɔ]
cartero (m)	postino (m)	[pɔs'tinɔ]
programador (m)	programmatore (m)	[prɔgramma'tɔrɛ]
vendedor (m)	commesso (m)	[kɔm'mɛssɔ]
obrero (m)	operaio (m)	[ɔpɛ'rajo]
jardinero (m)	giardiniere (m)	[dʒardi'njerɛ]
fontanero (m)	idraulico (m)	[id'raulikɔ]
estomatólogo (m)	dentista (m)	[dɛn'tista]
azafata (f)	hostess (f)	['ɔstɛss]
bailarín (m)	danzatore (m)	[danʦa'tɔrɛ]
guardaespaldas (m)	guardia (f) del corpo	[gu'ardia dɛʎ 'kɔrpɔ]
científico (m)	scienziato (m)	[ʃiɛnʦi'atɔ]
profesor (m) (~ de baile, etc.)	insegnante (m, f)	[insɛ'njantɛ]
granjero (m)	fattore (m)	[fat'tɔrɛ]
cirujano (m)	chirurgo (m)	[ki'rurgɔ]
minero (m)	minatore (m)	[mina'tɔrɛ]
jefe (m) de cocina	capocuoco (m)	[kapɔku'ɔkɔ]
chófer (m)	autista (m)	[au'tista]

16. Los deportes

tipo (m) de deporte	sport (m)	[spɔrt]
fútbol (m)	calcio (m)	['kaʎʧɔ]
hockey (m)	hockey (m)	['ɔkkɛj]
baloncesto (m)	pallacanestro (m)	[paʎaka'nɛstrɔ]
béisbol (m)	baseball (m)	['bɛjzbɔl]
voleibol (m)	pallavolo (m)	[paʎa'vɔlɔ]
boxeo (m)	pugilato (m)	[pudʒi'ʎatɔ]
lucha (f)	lotta (f)	['lɔtta]
tenis (m)	tennis (m)	['tɛnnis]
natación (f)	nuoto (m)	[nu'ɔtɔ]
ajedrez (m)	scacchi (m pl)	[s'kakki]
carrera (f)	corsa (f)	['kɔrsa]
atletismo (m)	atletica (f) leggera	[at'letika le'dʒera]
patinaje (m) artístico	pattinaggio (m) artistico	[patti'nadʒɔ ar'tistikɔ]
ciclismo (m)	ciclismo (m)	[ʧik'lizmɔ]
billar (m)	biliardo (m)	[bi'ʎardɔ]
culturismo (m)	culturismo (m)	[kuʎtu'rizmɔ]
golf (m)	golf (m)	[gɔʎf]
buceo (m)	immersione (f) subacquea	[immɛrsi'ɔnɛ su'bakvɛa]
vela (f)	vela (f)	['vɛʎa]

tiro (m) con arco	**tiro (m) con l'arco**	['tirɔ kɔn 'ʎarkɔ]
tiempo (m)	**tempo (m)**	['tɛmpɔ]
descanso (m)	**intervallo (m)**	[intɛr'vallɔ]
empate (m)	**pareggio (m)**	[pa'rɛdʒɔ]
empatar (vi)	**pareggiare (vi)**	[parɛ'dʒarɛ]
cinta (f) de correr	**tapis roulant (m)**	[tapiru'ʎan]
jugador (m)	**giocatore (m)**	[dʒɔka'tɔrɛ]
reserva (m)	**riserva (f)**	[ri'sɛrva]
banquillo (m) de reserva	**panchina (f)**	[pa'ŋkina]
match (m)	**partita (f)**	[par'tita]
puerta (f)	**porta (f)**	['pɔrta]
portero (m)	**portiere (m)**	[pɔr'tʲerɛ]
gol (m)	**gol (m)**	[gɔl]
Juegos (m pl) Olímpicos	**Giochi (m pl) Olimpici**	['dʒɔki ɔ'limpitʃi]
establecer un record	**stabilire un record**	[stabi'lirɛ un 'rɛkɔrd]
final (m)	**finale (m)**	[fi'nale]
campeón (m)	**campione (m)**	[kampi'ɔnɛ]
campeonato (m)	**campionato (m)**	[kampiɔ'natɔ]
vencedor (m)	**vincitore (m)**	[wintʃi'tɔrɛ]
victoria (f)	**vittoria (f)**	[wit'tɔria]
ganar (vi)	**vincere (vi)**	['wintʃerɛ]
perder (vi)	**perdere (vt)**	['pɛrdɛrɛ]
medalla (f)	**medaglia (f)**	[mɛ'daʎja]
primer puesto (m)	**primo posto (m)**	[p'rimɔ 'pɔstɔ]
segundo puesto (m)	**secondo posto (m)**	[sɛ'kɔndɔ 'pɔstɔ]
tercer puesto (m)	**terzo posto (m)**	['tɛrtsɔ 'pɔstɔ]
estadio (m)	**stadio (m)**	[s'tadiɔ]
hincha (m)	**tifoso (m), fan (m)**	[ti'fɔzɔ], [fan]
entrenador (m)	**allenatore (m)**	[allena'tɔrɛ]
entrenamiento (m)	**allenamento (m)**	[allena'mɛntɔ]

17. Los idiomas extranjeros. La ortografía

lengua (f)	**lingua (f)**	['lingua]
estudiar (vt)	**studiare (vt)**	[studi'arɛ]
pronunciación (f)	**pronuncia (f)**	[prɔ'nuntʃa]
acento (m)	**accento (m)**	[a'tʃentɔ]
sustantivo (m)	**sostantivo (m)**	[sɔstan'tivɔ]
adjetivo (m)	**aggettivo (m)**	[adʒet'tivɔ]
verbo (m)	**verbo (m)**	['vɛrbɔ]
adverbio (m)	**avverbio (m)**	[av'vɛrbiɔ]
pronombre (m)	**pronome (m)**	[prɔ'nɔmɛ]
interjección (f)	**interiezione (f)**	[intɛrje'tsʲonɛ]

preposición (f)	preposizione (f)	[prɛpozi'tsʲonɛ]
raíz (f), radical (m)	radice (f)	[ra'ditʃe]
desinencia (f)	desinenza (f)	[dɛzi'nɛntsa]
prefijo (m)	prefisso (m)	[prɛ'fissɔ]
sílaba (f)	sillaba (f)	['siʎaba]
sufijo (m)	suffisso (m)	[suf'fissɔ]

acento (m)	accento (m)	[a'tʃentɔ]
punto (m)	punto (m)	['puntɔ]
coma (f)	virgola (f)	['wirgɔʎa]
dos puntos (m pl)	due punti	['duɛ 'punti]
puntos (m pl) suspensivos	puntini (m pl) di sospensione	[pun'tini di sɔspɛn'sʲonɛ]

pregunta (f)	domanda (f)	[dɔ'manda]
signo (m) de interrogación	punto (m) interrogativo	['puntɔ intɛrrɔga'tivɔ]
signo (m) de admiración	punto (m) esclamativo	['puntɔ ɛskʎama'tivɔ]

entre comillas	tra virgolette	[tra wirgɔ'lettɛ]
entre paréntesis	tra parentesi	[tra pa'rɛntɛzi]
letra (f)	lettera (f)	['lettɛra]
letra (f) mayúscula	lettera (f) maiuscola	['lettɛra ma'juskɔla]

oración (f)	proposizione (f)	[prɔpozi'tsʲonɛ]
combinación (f) de palabras	gruppo (m) di parole	[g'ruppɔ di pa'rɔle]
expresión (f)	espressione (f)	[ɛsprɛssi'ɔnɛ]
sujeto (m)	soggetto (m)	[sɔ'dʒettɔ]
predicado (m)	predicato (m)	[prɛdi'katɔ]
línea (f)	riga (f)	['riga]
párrafo (m)	capoverso (m)	[kapo'vɛrsɔ]

sinónimo (m)	sinonimo (m)	[si'nɔnimɔ]
antónimo (m)	antonimo (m)	[an'tɔnimɔ]

excepción (f)	eccezione (f)	[ɛtʃe'tsʲonɛ]
subrayar (vt)	sottolineare (vt)	[sɔttɔlinɛ'arɛ]

reglas (f pl)	regole (f pl)	['rɛgɔle]
gramática (f)	grammatica (f)	[gram'matika]
vocabulario (m)	lessico (m)	['lessikɔ]

fonética (f)	fonetica (f)	[fɔ'nɛtika]
alfabeto (m)	alfabeto (m)	[aʎfa'bɛtɔ]

manual (m)	manuale (m)	[manu'ale]
diccionario (m)	dizionario (m)	[ditsʲo'nariɔ]
guía (f) de conversación	frasario (m)	[fra'zariɔ]

palabra (f)	vocabolo (m)	[vɔ'kabolɔ]
significado (m)	significato (m)	[siɲʲifi'katɔ]
memoria (f)	memoria (f)	[mɛ'mɔria]

18. La Tierra. La geografía

Tierra (f)	la Terra	[ʎa 'tɛrra]
globo (m) terrestre	globo (m) terrestre	['glɔbɔ tɛr'rɛstrɛ]
planeta (m)	pianeta (m)	[pja'nɛta]
geografía (f)	geografia (f)	[dʒeogra'fia]
naturaleza (f)	natura (f)	[na'tura]
mapa (m)	carta (f) geografica	['karta dʒeog'rafika]
atlas (m)	atlante (m)	[at'ʎantɛ]
en el norte	al nord	[aʎ nɔrd]
en el sur	al sud	[aʎ sud]
en el oeste	all'ovest	[aʎ 'ɔvɛst]
en el este	all'est	[aʎ 'ɛst]
mar (m)	mare (m)	['marɛ]
océano (m)	oceano (m)	[ɔ'ʧeanɔ]
golfo (m)	golfo (m)	['gɔʎfɔ]
estrecho (m)	stretto (m)	[st'rɛttɔ]
continente (m)	continente (m)	[kɔnti'nɛntɛ]
isla (f)	isola (f)	['izɔʎa]
península (f)	penisola (f)	[pɛ'nizɔʎa]
archipiélago (m)	arcipelago (m)	[artʃi'pɛʎagɔ]
puerto (m)	porto (m)	['pɔrtɔ]
arrecife (m) de coral	barriera (f) corallina	[bar'rjera kɔral'lina]
orilla (f)	litorale (m)	[litɔ'rale]
costa (f)	costa (f)	['kɔsta]
flujo (m)	alta marea (f)	['aʎta ma'rɛa]
reflujo (m)	bassa marea (f)	['bassa ma'rɛa]
latitud (f)	latitudine (f)	[ʎati'tudinɛ]
longitud (f)	longitudine (f)	['lɔndʒi'tudinɛ]
paralelo (m)	parallelo (m)	[paral'lelɔ]
ecuador (m)	equatore (m)	[ɛkua'tɔrɛ]
cielo (m)	cielo (m)	['ʧelɔ]
horizonte (m)	orizzonte (m)	[ɔri'dzɔntɛ]
atmósfera (f)	atmosfera (f)	[atmɔs'fɛra]
montaña (f)	monte (m), montagna (f)	['mɔntɛ], [mɔn'taɲa]
cima (f)	cima (f)	['ʧima]
roca (f)	falesia (f)	[fa'lezija]
colina (f)	collina (f)	[kɔl'lina]
volcán (m)	vulcano (m)	[vuʎ'kanɔ]
glaciar (m)	ghiacciaio (m)	[gja'ʧajo]
cascada (f)	cascata (f)	[kas'kata]

llanura (f)	pianura (f)	[pja'nura]
río (m)	fiume (m)	['fjymɛ]
manantial (m)	fonte (f)	['fontɛ]
ribera (f)	riva (f)	['riva]
río abajo (adv)	a valle	[a 'valle]
río arriba (adv)	a monte	[a 'montɛ]

lago (m)	lago (m)	['ʎagɔ]
presa (f)	diga (f)	['diga]
canal (m)	canale (m)	[ka'nale]
pantano (m)	palude (f)	[pa'lydɛ]
hielo (m)	ghiaccio (m)	['gjatʃɔ]

19. Los países. Unidad 1

Europa (f)	Europa (f)	[ɛu'rɔpa]
Unión (f) Europea	Unione (f) Europea	[uni'ɔnɛ ɛurɔ'pɛa]
europeo (m)	europeo (m)	[ɛurɔ'pɛɔ]
europeo (adj)	europeo	[ɛurɔ'pɛɔ]

Austria (f)	Austria (f)	['austria]
Gran Bretaña (f)	Gran Bretagna (f)	[gran brɛ'taɲa]
Inglaterra (f)	Inghilterra (f)	[ingiʎ'tɛrra]
Bélgica (f)	Belgio (m)	['bɛʎdʒɔ]
Alemania (f)	Germania (f)	[dʒer'mania]

Países Bajos (m pl)	Paesi Bassi (m pl)	[pa'ɛzi 'bassi]
Holanda (f)	Olanda (f)	[ɔ'ʎanda]
Grecia (f)	Grecia (f)	[g'rɛtʃa]
Dinamarca (f)	Danimarca (f)	[dani'marka]
Irlanda (f)	Irlanda (f)	[ir'ʎanda]

Islandia (f)	Islanda (f)	[iz'ʎanda]
España (f)	Spagna (f)	[s'paɲ'a]
Italia (f)	Italia (f)	[i'talia]
Chipre (m)	Cipro (m)	['tʃiprɔ]
Malta (f)	Malta (f)	['maʎta]

Noruega (f)	Norvegia (f)	[nɔr'vɛdʒa]
Portugal (f)	Portogallo (f)	[portɔ'gallɔ]
Finlandia (f)	Finlandia (f)	[fin'ʎandia]
Francia (f)	Francia (f)	[f'rantʃa]
Suecia (f)	Svezia (f)	[z'vɛtsia]

Suiza (f)	Svizzera (f)	[z'witsɛra]
Escocia (f)	Scozia (f)	[s'kɔtsia]
Vaticano (m)	Vaticano (m)	[vati'kanɔ]
Liechtenstein (m)	Liechtenstein (m)	['liktɛnstajn]
Luxemburgo (m)	Lussemburgo (m)	[lyssɛm'burgɔ]
Mónaco (m)	Monaco (m)	['mɔnakɔ]

Albania (f)	**Albania** (f)	[aʎba'nia]
Bulgaria (f)	**Bulgaria** (f)	[buʎga'ria]
Hungría (f)	**Ungheria** (f)	[ungɛ'ria]
Letonia (f)	**Lettonia** (f)	[let'tɔnia]
Lituania (f)	**Lituania** (f)	[litu'ania]
Polonia (f)	**Polonia** (f)	[pɔ'lɔnia]
Rumania (f)	**Romania** (f)	[rɔma'nia]
Serbia (f)	**Serbia** (f)	['sɛrbia]
Eslovaquia (f)	**Slovacchia** (f)	[zlɔ'vakkia]
Croacia (f)	**Croazia** (f)	[krɔ'atsia]
Chequia (f)	**Repubblica** (f) **Ceca**	[rɛ'pubblika 'tʃeka]
Estonia (f)	**Estonia** (f)	[ɛs'tɔnia]
Bosnia y Herzegovina	**Bosnia-Erzegovina** (f)	['bɔznia ɛrtsɛ'gɔwina]
Macedonia	**Macedonia** (f)	[matʃe'dɔnia]
Eslovenia	**Slovenia** (f)	[zlɔ'vɛnia]
Montenegro (m)	**Montenegro** (m)	[mɔntɛ'nɛgrɔ]
Bielorrusia (f)	**Bielorussia** (f)	[bjelɔ'russia]
Moldavia (f)	**Moldavia** (f)	[mɔʎ'dawia]
Rusia (f)	**Russia** (f)	['russia]
Ucrania (f)	**Ucraina** (f)	[uk'raina]

20. Los países. Unidad 2

Asia (f)	**Asia** (f)	['azia]
Vietnam (m)	**Vietnam** (m)	['vjetnam]
India (f)	**India** (f)	['india]
Israel (m)	**Israele** (m)	[izra'ɛle]
China (f)	**Cina** (f)	['tʃina]
Líbano (m)	**Libano** (m)	['libanɔ]
Mongolia (f)	**Mongolia** (f)	[mɔ'ŋɔlia]
Malasia (f)	**Malesia** (f)	[ma'lezia]
Pakistán (m)	**Pakistan** (m)	['pakistan]
Arabia (f) Saudita	**Arabia Saudita** (f)	[a'rabia sau'dita]
Tailandia (f)	**Tailandia** (f)	[taj'landia]
Taiwán (m)	**Taiwan** (m)	[taj'van]
Turquía (f)	**Turchia** (f)	[tur'kia]
Japón (m)	**Giappone** (m)	[dʒap'pɔnɛ]
Afganistán (m)	**Afghanistan** (m)	[afˈganistan]
Bangladesh (m)	**Bangladesh** (m)	['bangʎadɛʃ]
Indonesia (f)	**Indonesia** (f)	[indɔ'nɛzia]
Jordania (f)	**Giordania** (f)	[dʒɔr'dania]
Irak (m)	**Iraq** (m)	['irak]
Irán (m)	**Iran** (m)	['iran]
Camboya (f)	**Cambogia** (f)	[kam'bɔdʒa]

Kuwait (m)	**Kuwait** (m)	[ku'vɛjt]
Laos (m)	**Laos** (m)	[ˈʎaɔs]
Myanmar (m)	**Birmania** (f)	[bir'mania]
Nepal (m)	**Nepal** (m)	[nɛ'paʎ]
Emiratos (m pl) Árabes Unidos	**Emirati** (m pl) **Arabi**	[ɛmi'rati 'arabi]
Siria (f)	**Siria** (f)	['siria]
Palestina (f)	**Palestina** (f)	[pales'tina]
Corea (f) del Sur	**Corea** (f) **del Sud**	[kɔ'rɛa dɛʎ sud]
Corea (f) del Norte	**Corea** (f) **del Nord**	[kɔ'rɛa dɛʎ nord]
Estados Unidos de América (m pl)	**Stati** (m pl) **Uniti d'America**	[s'tati u'niti da'mɛrika]
Canadá (f)	**Canada** (m)	['kanada]
Méjico (m)	**Messico** (m)	['messikɔ]
Argentina (f)	**Argentina** (f)	[ardʒen'tina]
Brasil (f)	**Brasile** (m)	[bra'zile]
Colombia (f)	**Colombia** (f)	[kɔ'lɔmbia]
Cuba (f)	**Cuba** (f)	['kuba]
Chile (m)	**Cile** (m)	['ʧile]
Venezuela (f)	**Venezuela** (f)	[vɛnɛʦu'ɛʎa]
Ecuador (m)	**Ecuador** (m)	[ɛkva'dɔr]
Islas (f pl) Bahamas	**le Bahamas**	[le ba'amas]
Panamá (f)	**Panama** (m)	['panama]
Egipto (m)	**Egitto** (m)	[ɛ'dʒittɔ]
Marruecos (m)	**Marocco** (m)	[ma'rɔkkɔ]
Túnez (m)	**Tunisia** (f)	[tuni'zia]
Kenia (f)	**Kenya** (m)	['kɛnia]
Libia (f)	**Libia** (f)	['libia]
República (f) Sudafricana	**Repubblica** (f) **Sudafricana**	[rɛ'pubblika sudafri'kana]
Australia (f)	**Australia** (f)	[aust'ralia]
Nueva Zelanda (f)	**Nuova Zelanda** (f)	[nu'ɔva dzɛ'ʎanda]

21. El tiempo. Los desastres naturales

tiempo (m)	**tempo** (m)	['tɛmpɔ]
previsión (m) del tiempo	**previsione** (f) **del tempo**	[prɛwizi'ɔnɛ dɛʎ 'tɛmpɔ]
temperatura (f)	**temperatura** (f)	[tɛmpɛra'tura]
termómetro (m)	**termometro** (m)	[tɛr'mɔmɛtrɔ]
barómetro (m)	**barometro** (m)	[ba'rɔmɛtrɔ]
sol (m)	**sole** (m)	['sɔle]
brillar (vi)	**splendere** (vi)	[sp'lendɛrɛ]
soleado (un día ~)	**di sole**	[di 'sɔle]
elevarse (el sol)	**levarsi** (vr)	[lɛ'varsi]

ponerse (vr)	tramontare (vi)	[tramɔn'tarɛ]
lluvia (f)	pioggia (f)	['pʲɔdʒa]
está lloviendo	piove	['pʲovɛ]
aguacero (m)	pioggia (f) torrenziale	['pʲɔdʒa tɔrrɛntsi'ale]
nubarrón (m)	nube (f) di pioggia	['nubɛ di 'pʲɔdʒa]
charco (m)	pozzanghera (f)	[pɔ'tsangɛra]
mojarse (vr)	bagnarsi (vr)	[ba'ɲjarsi]

tormenta (f)	temporale (m)	[tɛmpɔ'rale]
relámpago (m)	fulmine (f)	['fuʎminɛ]
relampaguear (vi)	lampeggiare (vi)	[ʎampɛ'dʒarɛ]
trueno (m)	tuono (m)	[tu'ɔnɔ]
está tronando	tuona	[tu'ɔna]
granizo (m)	grandine (f)	[g'randinɛ]
está granizando	grandina	[g'randina]

calor (m) intenso	caldo (m), afa (f)	['kaʎdɔ], ['afa]
hace mucho calor	fa molto caldo	[fa 'mɔʎtɔ 'kaʎdɔ]
hace calor (templado)	fa caldo	[fa 'kaʎdɔ]
hace frío	fa freddo	[fa fʲrɛddɔ]

niebla (f)	foschia (f), nebbia (f)	[fɔs'kia], ['nɛbbia]
nebuloso (adj)	nebbioso	[nɛb'bʲɔzɔ]
nube (f)	nuvola (f)	['nuvɔʎa]
nuboso (adj)	nuvoloso	[nuvɔ'lɔzɔ]
humedad (f)	umidità (f)	[umidi'ta]

nieve (f)	neve (f)	['nɛvɛ]
está nevando	nevica	['nɛwika]
helada (f)	gelo (m)	['dʒelɔ]

bajo cero (adv)	sotto zero	['sɔttɔ 'dzɛrɔ]
escarcha (f)	brina (f)	[b'rina]

mal tiempo (m)	maltempo (m)	[maʎ'tɛmpɔ]
catástrofe (f)	disastro (m)	[di'zastrɔ]
inundación (f)	inondazione (f)	[inɔnda'tsʲɔnɛ]

avalancha (f)	valanga (f)	[va'ʎanga]
terremoto (m)	terremoto (m)	[tɛrrɛ'mɔtɔ]

sacudida (f)	scossa (f)	[s'kɔssa]
epicentro (m)	epicentro (m)	[ɛpi'tʃentrɔ]

erupción (f)	eruzione (f)	[ɛru'tsʲɔnɛ]
lava (f)	lava (f)	['ʎava]

tornado (m)	tornado (m)	[tɔr'nadɔ]
torbellino (m)	tromba (f) d'aria	[t'rɔmba 'daria]
huracán (m)	uragano (m)	[ura'ganɔ]
tsunami (m)	tsunami (m)	[tsu'nami]
ciclón (m)	ciclone (m)	[tʃik'lɔnɛ]

22. Los animales. Unidad 1

animal (m)	animale (m)	[ani'male]
carnívoro (m)	predatore (m)	[prɛda'tɔrɛ]
tigre (m)	tigre (f)	['tigrɛ]
león (m)	leone (m)	[le'ɔnɛ]
lobo (m)	lupo (m)	['lypɔ]
zorro (m)	volpe (m)	['vɔʎpɛ]
jaguar (m)	giaguaro (m)	[ʤagu'arɔ]
lince (m)	lince (f)	['linʧe]
coyote (m)	coyote (m)	[kɔ'jotɛ]
chacal (m)	sciacallo (m)	[ʃa'kallɔ]
hiena (f)	iena (f)	['jena]
ardilla (f)	scoiattolo (m)	[skɔ'jattɔlɔ]
erizo (m)	riccio (m)	['riʧɔ]
conejo (m)	coniglio (m)	[kɔ'niʎɔ]
mapache (m)	procione (f)	[prɔ'ʧɔnɛ]
hámster (m)	criceto (m)	[kri'ʧetɔ]
topo (m)	talpa (f)	['taʎpa]
ratón (m)	topo (m)	['tɔpɔ]
rata (f)	ratto (m)	['rattɔ]
murciélago (m)	pipistrello (m)	[pipist'rɛllɔ]
castor (m)	castoro (m)	[kas'tɔrɔ]
caballo (m)	cavallo (m)	[ka'vallɔ]
ciervo (m)	cervo (m)	['ʧervɔ]
camello (m)	cammello (m)	[kam'mɛllɔ]
cebra (f)	zebra (f)	['ʣɛbra]
ballena (f)	balena (f)	[ba'lena]
foca (f)	foca (f)	['fɔka]
morsa (f)	tricheco (m)	[tri'kɛkɔ]
delfín (m)	delfino (m)	[dɛʎ'finɔ]
oso (m)	orso (m)	['ɔrsɔ]
mono (m)	scimmia (f)	['ʃimmʲa]
elefante (m)	elefante (m)	[ɛle'fantɛ]
rinoceronte (m)	rinoceronte (m)	[rinɔʧe'rɔntɛ]
jirafa (f)	giraffa (f)	[ʤi'raffa]
hipopótamo (m)	ippopotamo (m)	[ippɔ'pɔtamɔ]
canguro (m)	canguro (m)	[ka'ŋurɔ]
gata (f)	gatta (f)	['gatta]
perro (m)	cane (m)	['kanɛ]
vaca (f)	mucca (f)	['mukka]
toro (m)	toro (m)	['tɔrɔ]

oveja (f)	pecora (f)	['pɛkɔra]
cabra (f)	capra (f)	['kapra]
asno (m)	asino (m)	['azinɔ]
cerdo (m)	porco (m)	['pɔrkɔ]
gallina (f)	gallina (f)	[gal'lina]
gallo (m)	gallo (m)	['gallɔ]
pato (m)	anatra (f)	['anatra]
ganso (m)	oca (f)	['ɔka]
pava (f)	tacchina (f)	[tak'kina]
perro (m) pastor	cane (m) da pastore	['kanɛ da pas'tɔrɛ]

23. Los animales. Unidad 2

pájaro (m)	uccello (m)	[u'tʃellɔ]
paloma (f)	colombo (m),	[kɔ'lɔmbɔ,
	piccione (m)	pi'tʃɔnɛ]
gorrión (m)	passero (m)	['passɛrɔ]
paro (m)	cincia (f)	['tʃintʃa]
cotorra (f)	gazza (f)	['gatsa]
águila (f)	aquila (f)	['akuiʎa]
azor (m)	astore (m)	[as'tɔrɛ]
halcón (m)	falco (m)	['faʎkɔ]
cisne (m)	cigno (m)	['tʃiɲɔ]
grulla (f)	gru (f)	[gru]
cigüeña (f)	cicogna (f)	[tʃi'kɔɲa]
loro (m), papagayo (m)	pappagallo (m)	[pappa'gallɔ]
pavo (m) real	pavone (m)	[pa'vɔnɛ]
avestruz (m)	struzzo (m)	[st'rutsɔ]
garza (f)	airone (m)	[ai'rɔnɛ]
ruiseñor (m)	usignolo (m)	[uzi'nɔlɔ]
golondrina (f)	rondine (f)	['rɔndinɛ]
pico (m)	picchio (m)	['pikkiɔ]
cuco (m)	cuculo (m)	['kukulɔ]
lechuza (f)	civetta (f)	[tʃi'vɛtta]
pingüino (m)	pinguino (m)	[pingu'inɔ]
atún (m)	tonno (m)	['tɔnnɔ]
trucha (f)	trota (f)	[t'rɔta]
anguila (f)	anguilla (f)	[angu'iʎa]
tiburón (m)	squalo (m)	[sku'alɔ]
centolla (f)	granchio (m)	[g'raŋkiɔ]
medusa (f)	medusa (f)	[mɛ'duza]
pulpo (m)	polpo (m)	['pɔʎpɔ]
estrella (f) de mar	stella (f) marina	[s'tɛʎa ma'rina]

erizo (m) de mar	riccio (m) di mare	['rit͡ʃɔ di 'marɛ]
caballito (m) de mar	cavalluccio (m) marino	[kaval'lyt͡ʃɔ ma'rinɔ]
camarón (m)	gamberetto (m)	[gambɛ'rɛttɔ]

serpiente (f)	serpente (m)	[sɛr'pɛntɛ]
víbora (f)	vipera (f)	['wipɛra]
lagarto (f)	lucertola (f)	[ly't͡ʃertɔʎa]
iguana (f)	iguana (f)	[igu'ana]
camaleón (m)	camaleonte (m)	[kamale'ɔntɛ]
escorpión (m)	scorpione (m)	[skɔr'pʲɔnɛ]

tortuga (f)	tartaruga (f)	[tarta'ruga]
rana (f)	rana (f)	['rana]
cocodrilo (m)	coccodrillo (m)	[kɔkkɔd'rillɔ]
insecto (m)	insetto (m)	[in'sɛttɔ]
mariposa (f)	farfalla (f)	[far'faʎa]
hormiga (f)	formica (f)	[fɔr'mika]
mosca (f)	mosca (f)	['mɔska]

mosquito (m) (picadura de ~)	zanzara (f)	[dzan'dzara]
escarabajo (m)	scarabeo (m)	[skara'bɛɔ]
abeja (f)	ape (f)	['apɛ]
araña (f)	ragno (m)	['raɲʲɔ]
mariquita (f)	coccinella (f)	[kɔt͡ʃi'nɛʎa]

24. Los árboles. Las plantas

árbol (m)	albero (m)	['aʎbɛrɔ]
abedul (m)	betulla (f)	[bɛ'tuʎa]
roble (m)	quercia (f)	[ku'ɛrt͡ʃa]
tilo (m)	tiglio (m)	['tiʎʲɔ]
pobo (m)	pioppo (m) tremolo	['pʲɔppɔ t'rɛmɔlɔ]

arce (m)	acero (m)	['at͡ʃerɔ]
picea (m)	abete (m)	[a'bɛtɛ]
pino (m)	pino (m)	['pinɔ]
cedro (m)	cedro (m)	['t͡ʃedrɔ]

álamo (m)	pioppo (m)	['pʲɔppɔ]
serbal (m)	sorbo (m)	['sɔrbɔ]
haya (f)	faggio (m)	['fadʒɔ]
olmo (m)	olmo (m)	['ɔʎmɔ]

fresno (m)	frassino (m)	[fʲrassinɔ]
castaño (m)	castagno (m)	[kas'taɲʲɔ]
palmera (f)	palma (f)	['paʎma]
mata (f)	cespuglio (m)	[t͡ʃes'puʎʲɔ]
seta (f)	fungo (m)	['fungɔ]
seta (f) venenosa	fungo (m) velenoso	['fungɔ vɛle'nɔzɔ]

boletus edulis (m)	porcino (m)	[por'tʃino]
rúsula (f)	rossola (f)	['rossoʎa]
matamoscas (m)	ovolaccio (m)	[ovo'latʃo]
oronja (f) verde	fungo (m) moscario	['fungo mos'kario]

flor (f)	fiore (m)	['fjorɛ]
ramo (m) de flores	mazzo (m) di fiori	['matso di 'fjori]
rosa (f)	rosa (f)	['roza]
tulipán (m)	tulipano (m)	[tuli'pano]
clavel (m)	garofano (m)	[ga'rofano]

manzanilla (f)	camomilla (f)	[kamo'miʎa]
cacto (m)	cactus (m)	['kaktus]
muguete (m)	mughetto (m)	[mu'gɛtto]
campanilla (f) de las nieves	bucaneve (m)	[buka'nɛvɛ]
nenúfar (m)	ninfea (f)	[nin'fɛa]

invernadero (m) tropical	serra (f)	['sɛrra]
césped (m)	prato (m) erboso	[p'rato ɛr'bozo]
macizo (m) de flores	aiuola (f)	[aju'oʎa]

planta (f)	pianta (f)	['pjanta]
hierba (f)	erba (f)	['ɛrba]
hoja (f)	foglia (f)	['foʎja]
pétalo (m)	petalo (m)	['pɛtalo]
tallo (m)	stelo (m)	[s'tɛlo]
retoño (m)	germoglio (m)	[dʒer'moʎo]

cereales (m pl) (plantas)	cereali (m pl)	[tʃerɛ'ali]
trigo (m)	frumento (m)	[fru'mɛnto]
centeno (m)	segale (f)	['sɛgale]
avena (f)	avena (f)	[a'vɛna]

mijo (m)	miglio (m)	['miʎo]
cebada (f)	orzo (m)	['ortso]
maíz (m)	mais (m)	['mais]
arroz (m)	riso (m)	['rizo]

25. Varias palabras útiles

alto (m) (descanso)	pausa (f)	['pauza]
ayuda (f)	aiuto (m)	[a'juto]
balance (m)	bilancio (m)	[bi'ʎantʃo]
base (f) (~ científica)	base (f)	['bazɛ]
categoría (f)	categoria (f)	[katɛgo'ria]

coincidencia (f)	coincidenza (f)	[kointʃi'dɛntsa]
comienzo (m) (principio)	inizio (m)	[i'nitsio]
comparación (f)	confronto (m)	[konf'ronto]
desarrollo (m)	sviluppo (m)	[zwi'lyppo]

diferencia (f)	differenza (f)	[diffe'rɛntsa]
efecto (m)	effetto (m)	[ɛf'fɛtto]
ejemplo (m)	esempio (m)	[ɛ'zɛmpɔ]
elección (f)	scelta (f)	['ʃɛʎta]
elemento (m)	elemento (m)	[ɛle'mɛnto]
error (m)	errore (m)	[ɛr'rɔrɛ]
esfuerzo (m)	sforzo (m)	[s'fɔrtso]
estándar (adj)	standard	[s'tandar]
estilo (m)	stile (m)	[s'tile]
forma (f) (contorno)	forma (f)	['fɔrma]
grado (m) (en mayor ~)	grado (m)	[g'radɔ]
hecho (m)	fatto (m)	['fatto]
ideal (m)	ideale (m)	[idɛ'ale]
modo (m) (de otro ~)	modo (m)	['mɔdɔ]
momento (m)	momento (m)	[mɔ'mɛntɔ]
obstáculo (m)	ostacolo (m)	[ɔs'takɔlo]
parte (f)	parte (f)	['partɛ]
pausa (f)	pausa (f)	['pauza]
posición (f)	posizione (f)	[pɔzi'tsɔnɛ]
problema (m)	problema (m)	[prɔb'lema]
proceso (m)	processo (m)	[prɔ'tʃesso]
progreso (m)	progresso (m)	[prɔg'rɛssɔ]
propiedad (f) (cualidad)	proprietà (f)	[prɔprie'ta]
reacción (f)	reazione (f)	[rɛa'tsɔnɛ]
riesgo (m)	rischio (m)	['riskɔ]
secreto (m)	segreto (m)	[sɛg'rɛtɔ]
serie (f)	serie (f)	['sɛrie]
sistema (m)	sistema (m)	[sis'tɛma]
situación (f)	situazione (f)	[situa'tsɔnɛ]
solución (f)	soluzione (f)	[sɔly'tsɔnɛ]
tabla (f) (~ de multiplicar)	tabella (f)	[ta'bɛʎa]
tempo (m) (ritmo)	ritmo (m)	['ritmɔ]
término (m)	termine (m)	['tɛrminɛ]
tipo (m) (~ de deportes)	genere (m)	['dʒenɛrɛ]
turno (m) (esperar su ~)	turno (m)	['turnɔ]
urgente (adj)	urgente	[ur'dʒentɛ]
utilidad (f)	utilità (f)	[utili'ta]
variante (f)	variante (f)	[vari'antɛ]
verdad (f)	verità (f)	[vɛri'ta]
zona (f)	zona (f)	['dzɔna]

26. Los adjetivos. Unidad 1

abierto (adj)	aperto	[a'pɛrtɔ]
adicional (adj)	supplementare	[supplemen'tarɛ]

agrio (sabor ~)	acido, agro	['atʃido], ['agrɔ]
agudo (adj)	affilato	[affi'ʎatɔ]
amargo (adj)	amaro	[a'marɔ]

amplio (~a habitación)	spazioso	[spatsi'ɔzɔ]
antiguo (adj)	antico	[an'tikɔ]
arriesgado (adj)	rischioso	[ris'kʲɔzɔ]
artificial (adj)	artificiale	[artifi'tʃale]
azucarado (adj)	dolce	['dɔʎtʃe]

bajo (voz ~a)	basso	['bassɔ]
bello (hermoso)	bello	['bɛllo]
blando (adj)	morbido	['mɔrbidɔ]
bronceado (adj)	abbronzato	[abbrɔn'dzatɔ]
central (adj)	centrale	[tʃent'rale]

ciego (adj)	cieco	['tʃekɔ]
clandestino (adj)	clandestino	[kʎandɛs'tinɔ]
compatible (adj)	compatibile	[kɔmpa'tibile]
congelado (pescado ~)	surgelato	[surdʒe'latɔ]
contento (adj)	contento	[kɔn'tɛntɔ]
continuo (adj)	continuo	[kɔn'tinuɔ]

cortés (adj)	gentile	[dʒen'tile]
corto (adj)	corto	['kɔrtɔ]
crudo (huevos ~s)	crudo	[k'rudɔ]
de segunda mano	di seconda mano	[di sɛ'kɔnda 'manɔ]
denso (~a niebla)	denso	['dɛnsɔ]

derecho (adj)	destro	['dɛstrɔ]
difícil (decisión)	difficile	[dif'fitʃile]
dulce (agua ~)	dolce	['dɔʎtʃe]
duro (material, etc.)	duro	['durɔ]
enfermo (adj)	malato	[ma'ʎatɔ]

enorme (adj)	enorme	[ɛ'nɔrmɛ]
especial (adj)	speciale	[spɛ'tʃale]
estrecho (calle, etc.)	stretto	[st'rɛttɔ]
exacto (adj)	preciso	[prɛ'tʃizɔ]
excelente (adj)	eccellente	[ɛtʃe'lentɛ]

excesivo (adj)	eccessivo	[ɛtʃes'sivɔ]
exterior (adj)	esterno	[ɛs'tɛrnɔ]
fácil (adj)	facile	['fatʃile]
feliz (adj)	felice	[fɛ'litʃe]
fértil (la tierra ~)	fertile	['fɛrtile]
frágil (florero, etc.)	fragile	[f'radʒile]

fuerte (~ voz)	alto, forte	['aʎtɔ], ['fɔrtɛ]
fuerte (adj)	forte	['fɔrtɛ]
grande (en dimensiones)	grande	[g'randɛ]
gratis (adj)	gratuito	[gra'tuitɔ]

importante (adj)	importante	[impɔr'tantɛ]
infantil (adj)	per bambini	[pɛr bam'bini]
inmóvil (adj)	immobile	[im'mɔbile]
inteligente (adj)	intelligente	[intɛlli'dʒentɛ]
interior (adj)	interno	[in'tɛrnɔ]
izquierdo (adj)	sinistro	[si'nistrɔ]

27. Los adjetivos. Unidad 2

largo (camino)	lungo	['lyngɔ]
legal (adj)	legale	[le'gale]
ligero (un metal ~)	leggero	[le'dʒerɔ]
limpio (camisa ~)	pulito	[pu'litɔ]
líquido (adj)	liquido	['likuidɔ]

liso (piel, pelo, etc.)	liscio	['liʃɔ]
lleno (adj)	pieno	['pjenɔ]
maduro (fruto, etc.)	maturo	[ma'turɔ]
malo (adj)	cattivo	[kat'tivɔ]
mate (sin brillo)	opaco	[ɔ'pakɔ]

misterioso (adj)	misterioso	[mistɛri'ɔzɔ]
muerto (adj)	morto	['mɔrtɔ]
natal (país ~)	nativo	[na'tivɔ]
negativo (adj)	negativo	[nɛga'tivɔ]
no difícil (adj)	non difficile	[nɔn di'fitʃile]

normal (adj)	normale	[nɔr'male]
nuevo (adj)	nuovo	[nu'ɔvɔ]
obligatorio (adj)	obbligatorio	[ɔbbliga'tɔriɔ]
opuesto (adj)	opposto	[ɔp'pɔstɔ]
ordinario (adj)	comune, normale	[kɔ'munɛ], [nɔr'male]

original (inusual)	originale	[ɔridʒi'nale]
peligroso (adj)	pericoloso	[pɛrikɔ'lɔzɔ]
pequeño (adj)	piccolo	['pikkɔlɔ]
perfecto (adj)	perfetto	[per'fɛttɔ]
personal (adj)	personale	[pɛrsɔ'nale]
pobre (adj)	povero	['pɔvɛrɔ]

poco claro (adj)	poco chiaro	['pɔkɔ 'kjarɔ]
poco profundo (adj)	poco profondo	['pɔkɔ prɔ'fɔndɔ]
posible (adj)	possibile	[pɔs'sibile]
principal (~ idea)	principale	[printʃi'pale]
principal (la entrada ~)	principale	[printʃi'pale]

probable (adj)	probabile	[prɔ'babile]
público (adj)	pubblico	['pubblikɔ]
rápido (adj)	veloce, rapido	[vɛ'lɔtʃe], ['rapidɔ]
raro (adj)	raro	['rarɔ]

recto (línea ~a)	**dritto**	[d'ritto]
sabroso (adj)	**buono, gustoso**	[bu'ɔnɔ], [gus'tɔzɔ]
siguiente (avión, etc.)	**successivo**	[sutʃes'sivɔ]
similar (adj)	**simile**	['simile]
sólido (~a pared)	**solido**	['sɔlidɔ]
sucio (no limpio)	**sporco**	[s'pɔrkɔ]
tonto (adj)	**stupido**	[s'tupidɔ]
triste (mirada ~)	**triste**	[t'ristɛ]
último (~a oportunidad)	**ultimo**	['uʎtimɔ]
último (~a vez)	**scorso**	[s'kɔrsɔ]
vacío (vaso medio ~)	**vuoto**	[vu'ɔtɔ]
viejo (casa ~a)	**vecchio**	['vɛkkiɔ]

28. Los verbos. Unidad 1

abrir (vt)	**aprire** (vt)	[ap'rirɛ]
acabar, terminar (vt)	**finire** (vt)	[fi'nirɛ]
acusar (vt)	**accusare** (vt)	[akku'zarɛ]
agradecer (vt)	**ringraziare** (vt)	[ringratsi'arɛ]
almorzar (vi)	**pranzare** (vi)	[pran'tsarɛ]
alquilar (~ una casa)	**affittare** (vt)	[affit'tarɛ]
anular (vt)	**annullare** (vt)	[annu'ʎarɛ]
anunciar (vt)	**annunciare** (vt)	[annun'tʃarɛ]
apagar (vt)	**spegnere** (vt)	[s'peɲjerɛ]
autorizar (vt)	**permettere** (vt)	[pɛr'mɛttɛrɛ]
ayudar (vt)	**aiutare** (vt)	[aju'tarɛ]
bailar (vi, vt)	**ballare** (vi, vt)	[ba'ʎarɛ]
beber (vi, vt)	**bere** (vi, vt)	['bɛrɛ]
borrar (vt)	**eliminare** (vt)	[ɛlimi'narɛ]
bromear (vi)	**scherzare** (vi)	[skɛr'tsarɛ]
bucear (vi)	**tuffarsi** (vr)	[tufʲfarsi]
caer (vi)	**cadere** (vi)	[ka'dɛrɛ]
cambiar (vt)	**cambiare** (vt)	[kam'bjarɛ]
cantar (vi)	**cantare** (vi)	[kan'tarɛ]
cavar (vt)	**scavare** (vt)	[ska'varɛ]
cazar (vi, vt)	**cacciare** (vt)	[ka'tʃarɛ]
cenar (vi)	**cenare** (vi)	[tʃe'narɛ]
cerrar (vt)	**chiudere** (vt)	['kjydɛrɛ]
cesar (vt)	**cessare** (vt)	[tʃes'sarɛ]
coger (vt)	**afferrare** (vt)	[affer'rarɛ]
comenzar (vt)	**cominciare** (vt)	[kɔmin'tʃarɛ]
comer (vi, vt)	**mangiare** (vi, vt)	[man'dʒarɛ]
comparar (vt)	**comparare** (vt)	[kɔmpa'rarɛ]
comprar (vt)	**comprare** (vt)	[kɔmp'rarɛ]
comprender (vt)	**capire** (vt)	[ka'pirɛ]

confiar (vt)	fidarsi (vr)	[fi'darsi]
confirmar (vt)	confermare (vt)	[konfɛr'marɛ]
conocer (~ a alguien)	conoscere	[ko'noʃɛrɛ]

construir (vt)	costruire (vt)	[kostru'irɛ]
contar (una historia)	raccontare (vt)	[rakkon'tarɛ]
contar (vt) (enumerar)	contare (vt)	[kon'tarɛ]
contar con ...	contare su ...	[kon'tarɛ su]
copiar (vt)	copiare (vt)	[ko'pjarɛ]
correr (vi)	correre (vi)	['korrɛrɛ]

costar (vt)	costare (vt)	[kos'tarɛ]
crear (vt)	creare (vt)	[krɛ'arɛ]
creer (en Dios)	credere (vi)	[k'rɛdɛrɛ]
dar (vt)	dare (vt)	['darɛ]
decidir (vt)	decidere (vt)	[dɛ'tʃidɛrɛ]

decir (vt)	dire (vt)	['dirɛ]
dejar caer	lasciar cadere	[ʎa'ʃar ka'dɛrɛ]
depender de ...	dipendere da ...	[di'pɛndɛrɛ da]
desaparecer (vi)	scomparire (vi)	[skompa'rirɛ]
desayunar (vi)	fare colazione	['farɛ koʎa'tsʲonɛ]

despreciar (vt)	disprezzare (vt)	[disprɛ'tsarɛ]
disculpar (vt)	scusare (vt)	[sku'zarɛ]
disculparse (vr)	scusarsi (vr)	[sku'zarsi]
discutir (vt)	discutere (vt)	[dis'kutɛrɛ]
divorciarse (vr)	divorziare (vi)	[divortsi'arɛ]
dudar (vt)	dubitare (vi)	[dubi'tarɛ]

29. Los verbos. Unidad 2

encender (vt)	accendere (vt)	[a'tʃendɛrɛ]
encontrar (hallar)	trovare (vt)	[tro'varɛ]
encontrarse (vr)	incontrarsi (vr)	[inkont'rarsi]
engañar (vi, vt)	ingannare (vt)	[inga'ɲarɛ]
enviar (vt)	mandare (vt)	[man'darɛ]
equivocarse (vr)	sbagliare (vi)	[zba'ʎjarɛ]

escoger (vt)	scegliere (vt)	['ʃeʎjerɛ]
esconder (vt)	nascondere (vt)	[nas'kondɛrɛ]
escribir (vt)	scrivere (vt)	[sk'rivɛrɛ]
esperar (aguardar)	aspettare (vt)	[aspɛt'tarɛ]
esperar (tener esperanza)	sperare (vi, vt)	[spɛ'rarɛ]
estar ausente	essere assente	['ɛssɛrɛ as'sɛntɛ]

estar cansado	stancarsi (vr)	[sta'ŋkarsi]
estar de acuerdo	essere d'accordo	['ɛssɛrɛ dak'kordo]
estudiar (vt)	studiare (vt)	[studi'arɛ]
exigir (vt)	esigere (vt)	[ɛ'zidʒerɛ]

existir (vi)	**esistere** (vi)	[ɛ'zistɛrɛ]
explicar (vt)	**spiegare** (vt)	[spje'garɛ]
faltar (a las clases)	**mancare le lezioni**	[ma'ŋkarɛ le le'tsʲɔni]
felicitar (vt)	**congratularsi** (vr)	[kɔngratu'ʎarsi]
firmar (~ el contrato)	**firmare** (vt)	[fir'marɛ]
girar (~ a la izquierda)	**girare** (vi)	[dʒi'rarɛ]
gritar (vi)	**gridare** (vi)	[gri'darɛ]
guardar (conservar)	**conservare** (vt)	[kɔnsɛr'varɛ]
gustar (vi)	**piacere** (vi)	[pja'tʃɛrɛ]
hablar (vi, vt)	**parlare** (vi, vt)	[par'ʎarɛ]
hablar con ...	**parlare con...**	[par'ʎarɛ kɔn]
hacer (vt)	**fare** (vt)	['farɛ]
hacer la limpieza	**fare le pulizie**	['farɛ le puli'tsiɛ]
insistir (vi)	**insistere** (vi)	[in'sistɛrɛ]
insultar (vt)	**insultare** (vt)	[insuʎ'tarɛ]
invitar (vt)	**invitare** (vt)	[inwi'tarɛ]
ir (a pie)	**andare** (vi)	[an'darɛ]
jugar (divertirse)	**giocare** (vi)	[dʒɔ'karɛ]
leer (vi, vt)	**leggere** (vi, vt)	['ledʒerɛ]
llegar (vi)	**arrivare** (vi)	[arri'varɛ]
llorar (vi)	**piangere** (vi)	['pjandʒerɛ]
matar (vt)	**uccidere** (vt)	[u'tʃidɛrɛ]
mirar a ...	**guardare** (vt)	[guar'darɛ]
molestar (vt)	**disturbare** (vt)	[distur'barɛ]
morir (vi)	**morire** (vi)	[mɔ'rirɛ]
mostrar (vt)	**mostrare** (vt)	[mɔst'rarɛ]
nacer (vi)	**nascere** (vi)	['naʃɛrɛ]
nadar (vi)	**nuotare** (vi)	[nuɔ'tarɛ]
negar (vt)	**negare** (vt)	[nɛ'garɛ]
obedecer (vi, vt)	**obbedire** (vi)	[ɔbbɛ'dirɛ]
odiar (vt)	**odiare** (vt)	[ɔdi'arɛ]
oír (vt)	**sentire** (vt)	[sɛn'tirɛ]
olvidar (vt)	**dimenticare** (vt)	[dimɛnti'karɛ]
orar (vi)	**pregare** (vi, vt)	[prɛ'garɛ]

30. Los verbos. Unidad 3

pagar (vi, vt)	**pagare** (vi, vt)	[pa'garɛ]
participar (vi)	**partecipare** (vi)	[partɛtʃi'parɛ]
pegar (golpear)	**picchiare** (vt)	[pik'kjarɛ]
pelear (vi)	**picchiarsi** (vr)	[pik'kjarsi]
pensar (vi, vt)	**pensare** (vi, vt)	[pɛn'sarɛ]
perder (paraguas, etc.)	**perdere** (vt)	['pɛrdɛrɛ]
perdonar (vt)	**perdonare** (vt)	[pɛrdɔ'narɛ]
pertenecer a ...	**appartenere** (vi)	[appartɛ'nɛrɛ]

poder (v aux)	**potere** (v aus)	[po'tɛrɛ]
poder (v aux)	**potere** (vi)	[po'tɛrɛ]
preguntar (vt)	**chiedere, domandare**	['kjedɛrɛ], [dɔman'darɛ]
preparar (la cena)	**cucinare** (vi)	[kutʃi'narɛ]
prever (vt)	**prevedere** (vt)	[prɛvɛ'dɛrɛ]
probar (vt)	**provare** (vt)	[prɔ'varɛ]
prohibir (vt)	**vietare** (vt)	[vje'tarɛ]
prometer (vt)	**promettere** (vt)	[prɔ'mɛttɛrɛ]
proponer (vt)	**proporre** (vt)	[prɔ'pɔrrɛ]
quebrar (vt)	**rompere** (vt)	['rɔmpɛrɛ]
quejarse (vr)	**lamentarsi** (vr)	[ʎamɛn'tarsi]
querer (amar)	**amare qn**	[a'marɛ]
querer (desear)	**volere** (vt)	[vɔ'lerɛ]
recibir (vt)	**ricevere** (vt)	[ri'tʃevɛrɛ]
repetir (vt)	**ripetere** (vt)	[ri'pɛtɛrɛ]
reservar (~ una mesa)	**riservare** (vt)	[risɛr'varɛ]
responder (vi, vt)	**rispondere** (vi, vt)	[ris'pɔndɛrɛ]
robar (vt)	**rubare** (vt)	[ru'barɛ]
saber (~ algo mas)	**sapere** (vt)	[sa'pɛrɛ]
salvar (vt)	**salvare** (vt)	[saʎ'varɛ]
secar (ropa, pelo)	**asciugare** (vt)	[aʃu'garɛ]
sentarse (vr)	**sedersi** (vr)	[sɛ'dɛrsi]
sonreír (vi)	**sorridere** (vi)	[sɔr'ridɛrɛ]
tener (vt)	**avere** (vt)	[a'vɛrɛ]
tener miedo	**avere paura**	[a'vɛrɛ pa'ura]
tener prisa	**avere fretta**	[a'vɛrɛ f'rɛtta]
tener prisa	**avere fretta**	[a'vɛrɛ f'rɛtta]
terminar (vt)	**porre fine a ...**	['pɔrrɛ 'finɛ a]
tirar, disparar (vi)	**sparare** (vi)	[spa'rarɛ]
tomar (vt)	**prendere** (vt)	[p'rɛndɛrɛ]
trabajar (vi)	**lavorare** (vi)	[ʎavɔ'rarɛ]
traducir (vt)	**tradurre** (vt)	[tra'durrɛ]
tratar (de hacer algo)	**tentare** (vt)	[tɛn'tarɛ]
vender (vt)	**vendere** (vt)	['vɛndɛrɛ]
ver (vt)	**vedere** (vt)	[vɛ'dɛrɛ]
verificar (vt)	**verificare** (vt)	[vɛrifi'karɛ]
volar (pájaro, avión)	**volare** (vi)	[vɔ'ʎarɛ]

CPSIA information can be obtained
at www.ICGtesting.com
Printed in the USA
LVOW04s0902110416
PP10790600001B/1/P

9 781784 926410